# 기업 이미지 형성에 영향을 미치는 기업광고 유형

# 기업 이미지 형성에 영향을 미치는 기업광고 유형

이 진 희 著

KSI 한국학술정보㈜

# 책머리에

21세기의 소비환경은 급격히 변화하며, 초경쟁시대에 도래하였으며 소비자들의 감성적 우위가 구매를 결정의 중요한 요소를 자리매김하고 있다. 또한 점차 기업의 모든 요소 통합력이 기업의 경쟁력을 결정하는 시대로 변화하고 있다. 이런 상황은, 기업으로 하여금 단순한 판매력과 생산력의 증대라는 일방적인 해결책에서 벗어나, 소비자들의 신뢰를 얻기 위해서 사회적, 문화적, 환경적 관점에서 통합적 커뮤니케이션을 이용한 기업 이미지를 형성하는 것을 매우 중요한 과제로 등장하게 하고 있으며, 이 기업 이미지는 전체 대중들의 단 하나의 속성에 의해 형성되는 것이 아니라 기업과 밀접한 관련을 갖는 대중의 마음으로부터 형성된 여러 가지 속성들이 합성되어 나타나는 것이다.

이에 본 연구는 기업 이미지의 중요성을 인식하고, 기업광고를 통해 기업 이미지가 어떻게 형성되고, 기업 이미지에 어떤 영향을 주는가를 알아보고, 이에 대한 기업 이미지 전략을 모색하고자 한다.

우선, 기업 이미지의 중요성을 인식하기 위해 이론적 설명으로 기업광고에 대한 내용과 기업 이미지가 무엇이며, 왜 필요한지, 전략적 중요성은 무엇인지를 설명한다.

즉, 기업광고는 기업의 제품이나 서비스에 관한 정보를 제공하는 광고라기보다는 기업의 정책, 사회적 공헌이나 사회적인 유용성을 알림으로써 기업의 명성을 높이거나 기업에 대한 신뢰감을 갖도록 하고, 기업에 대한 호의 내지는 호의적인 태도를 형성하게 하려는 광고로 장기적이며, 복합적인 요소를 포함한다고 요약할 수 있다.

이런 기업광고의 필요성은 기업이나 상표를 하나의 이름하에 통일시키려는 기업 실체(identity) 설정과 투자가 유치, 불리한 풍문제거, 고객·종업원·공급업자들로부터의 호의 증진, 기업에 영향을 주게 될 공공적 이슈에 대한 기업의 입장 제시, 기업의 상호와 사업의 성격 등에 대한 일반의 인식수준을 높이는 데 있다.

기업 이미지는 이 기업광고를 통해 대중에게 전해지고, 대중들은 기업이미지를 형성해 기업 활동에 영향을 미치고 있다. 이러한 기업 이미지는 결과적으로 기업에 대한 사람들의 긍정적, 부정적 태도로 나타나는데, 기업이미지의 형성 및 발전에는 인간의 모든 감각이 이용되며, 이것으로 얻어지는 인상은 논리적이기보다는 감정적인 측면이 강하다.

그러나 이러한 특징을 가진 기업 이미지는 기업에 대한 실태나 지위 등의 기업정보를 중심으로 형성되게 된다. 특히 개인의 이미지 영역 중에서 특히 매스미디어에 의해 전달되는 기업 실체의 정립에 관심을 두는 것이다.

기업 이미지는 오늘날 조직의 개방체계 관점에서 경영의 효율성을 결정하는 데 매우 중요한 비중을 차지한다. 왜냐하면 기업이란 경영과 환경이라는 큰 맥락에서 볼 때 내·외적인 상호작용을 하면서 생존, 발전하기 때문이다.

그러므로 이미지는 그 기업에 대한 태도가 부정적이거나 긍정적인 집단의 의지에 분명히 영향을 미칠 것이다. 또한, 기업의 전략을 효과적으로 실행하기 위해서는 기업은 환경집단에게 정확히, 그리고 호의적인 방향으로 인지되어야 한다.

따라서 기업 이미지를 중심으로 본 연구의 실증연구를 실시하였으며, 이 연구결과가 기업광고의 발전에 작은 도움이 되길 바란다. 이 책이 나오기까지 힘써 주신 여러분들께 진심으로 감사드리며, 출판을 위해 애써 주신 한국학술정보(주) 채종준 사장님과 강진이님께 감사드립니다. 그리고 항상 성원을 아끼지 않는 가족과 채영, 용우에게 사랑을 전한다.

2006년 4월 30일
이 진 희

# 목 차

# 표 목차

# 그림 목차

# 제1장 서 론

## 제1절 문제제기

현대의 소비환경은 단순한 품질이나 가격의 경쟁시대에서 점차 기업의 모든 요소 통합력이 기업의 경쟁력을 결정하는 시대로 변화하고 있다. 이런 상황은 기업으로 하여금 단순한 판매력과 생산력의 증대라는 일방적인 해결책에서 벗어나 소비자들의 신뢰를 얻기 위해 사회적, 문화적, 환경적 관점에서 기업 자신을 돌아보지 않으면 안 되게 되었다. 따라서 현대 기업에 있어서 일반 대중의 신뢰를 얻을 수 있도록 통합적 커뮤니케이션을 이용한 기업 이미지를 형성하는 것은 매우 중요하다.

기업 이미지는 전체 대중들의 단 하나의 속성에 의해 형성되는 것이 아니라 기업과 밀접한 관련을 갖는 대중의 마음으로부터 형성된 여러 가지 속성들이 합성되어 나타나는 것이다. 기업이미지는 기업내부에서 형성되어 정부, 지역사회, 소비자 등의 기업외부의 대중에게로 전파되어 간다.[1] 따라서 대중과의 원활한 커뮤니케이션을 통한 호의적 기업 이미지 형성을 위하여 기업은 대내적, 대외적 기업 커뮤니케이션 활동을 강화하여야 하는 것이다.

기업은 우호적인 기업 이미지 구축을 위해 여러 가지 수단을 사용하고 있다. 특히 기업과 환경 간 커뮤니케이션이 활발해지면서 기업은 기업실체에 대한 유형, 무형의 정보를 일반 대중에게 제공하여 나름의 기업 이미지를 구축하는 데 힘을 기울이고 있다. 즉, 현대 사회에서 매스 커뮤니케이션의 역할과 영향력이 지대해짐에 따라 이를 이용하는 여러 수단들이 등장하고 있다. 특히 여러 수단들 중 광고 커뮤니케이션이 기업 이미지 전략에서

---

1) Gray, J. G., *Managing the Corporate Image*, Quorun Books, 1986, p.4.

중요한 역할을 담당하고 있으며, 이런 광고를 제품광고와 구별해 기업광고라 한다.

기업광고는 기업의 정책이나 경영이념, 사회공헌 등을 알려서 기업의 인지도와 신뢰성을 높이고 결국 소비자에게 호의적인 기업 이미지를 형성하도록 한다.

요즘 기업들 간에 기술수준의 격차가 좁혀짐에 따라 기업 간 제품차별화가 어려워지고 있다. 또한 급속한 기술발달과 함께 소비자의 취향과 기호도 다양해져서 제품들의 수명주기가 급속히 단축되고 있다. 이런 환경에서는 신제품이 출현해서 그 상표를 알리는 동안 이미 제품의 유행이 지나거나 기술적 진부화가 이루어지는 경우가 많다. 따라서 제품광고보다는 기업광고를 지속적으로 하게 되면 제품광고보다 광고의 수명이 길어져서 기업이미지에 영향을 미치게 된다.[2]

그러나 기업광고의 효과는 그 광고의 유형이나 광고 노출자가 그 기업에 대하여 가지고 있는 기존 이미지에 따라 달라질 수 있다. 그러므로 기업은 나름대로의 독특한 이미지나 우호적인 이미지를 창출시키기 위해 노력하고 있다. 기업 이미지는 이제 기업 고유의 무형자산으로 간주되며, 각 기업들은 기업 이미지 관리를 위해 지속적인 투자를 하고 있다. 즉, 기업에서는 제품광고와는 달리 기업광고를 통해 기업의 사회적 공헌이나 기업의 명성, 신용 등을 전달, 소구함으로써 기업에 대한 호의나 신뢰를 형성, 유지하려고 노력하고 있다.[3]

사실 모든 기업들은 특허, 상표, 저작권, 브랜드, 명성 등의 무형자산에도 상당히 의존한다. 상대적으로 제품이 눈에 띄지 않는 서비스업체들이 특히 사업운영에 있어 명성에 많이 의존한다.[4]

---

2) 이호배, "기업광고의 효과에 관한 연구", 홍익대학교 *경영연구*, 18권, 1994. 12. p.373.
3) 정희선 · 박철, "기업광고의 기업이미지 변화 효과에 관한 실험연구", *덕성여대 논문집*, 제22집, 1993. 12. p.128.
4) Fombrun, J. Charles, /오세영 · 한만호 역, *레퓨테이션(Reputation)*, 영언문화사, 1999, p.100.

지금까지 기업은 일반적으로 기술과 이미지라는 두 가지 요인 중 기술에 많은 비중을 두어왔고, 이미지는 부차적인 것으로 생각해 온 것이 사실이다. 그러나 현재의 시대적 상황은 이미지 요인에 대한 보다 많은 관심을 요구하고 있다. 이미지 요인이 중시되는 까닭은 산업사회의 진전에 따라 소비자들이 극심한 시간적 제약 속에 살게 되었다는 점이다. 따라서 소비자들은 제품의 품질이나 속성을 충분히 파악할 시간적 여유가 없는 상황에서 소비행위를 해야 한다. 이러한 상황에서 소비자의 선택에 결정적 영향을 미치는 요인이 기업의 이미지다. 어떤 제품에 대한 구매 결정 시 고객들은 적극적으로 제품정보를 수집하기보다는 평소에 본인이 가지고 있던 그 기업에 대한 이미지에 따라 제품을 선택하게 된다는 것이다.[5]

이렇게 기업 이미지 확립은 기업의 경쟁력과 관계가 있고 이는 곧 기업의 유지, 발전과 연관되어 있다. 따라서 기업들은 각자의 이미지 확립을 위해 노력하고 있으며, 이는 기업광고를 통해 일반 대중에게 전달되므로 기업광고와 기업 이미지 전략에 대한 연구의 필요성이 절실하다고 할 수 있다.

이에 따라 본 연구에서는 기업광고를 통해 어떤 기업 이미지가 형성되고, 기업 이미지 형성에 영향을 주는 요인은 어떤 것인가를 알아보고자 한다.

## 제2절 연구목적

급격한 산업의 발달과 복잡한 사회생활, 국가 간 개방화 경쟁으로 일반 대중들은 다양하고 넘치는 정보에 노출되게 되었고, 소비자들의 생활패턴과 욕구의 변화로 인하여 제품의 수명주기는 더욱 단축되게 되었으며, 보다 편리하고 소비자들의 욕구에 맞는 제품들을 찾는 소비자들이 늘어남에 따라 제품광고만으로 소비자들을 흡수하기가 더욱 어렵게 되었다. 또한 소

---

5) 이병우, "기업 이미지 제고를 위한 마케팅", *한국통신 경영과 기술*, 52호, 1993. 11. pp.22-23.

비자들은 제품만을 구매하려는 것이 아니라 제품을 만들어내는 기업이 소비자에게 가져다주는 혜택까지도 고려하여 제품을 선택하려는 성향이 많아지고 있다.

따라서 소비자의 기억속에 자사의 제품을 장기적으로 기억시키기 위한 여러 방법들이 필요하게 된 것이며, 제품뿐만 아니라 제품을 만들어내는 기업의 이미지를 창출하고 소비자에게 그 이미지를 인식시켜 주는 전략의 필요성이 부각되었다.

회사의 좋은 이미지를 대내외적으로 고취시킴으로써 제품판매만이 아니라, 기업의 원활한 활동을 위하여 유능한 인재의 채용과 기업 내·외부의 이해관계자들에게도 영향을 미치게 된다.

기업의 이미지 형성에 있어 호의적인 감정을 갖도록 하는 것은 중요하다고 할 수 있다. 이렇게 중요한 기업의 이미지는 다양한 경로를 통하여 소비자 및 이해관계자, 일반 대중들에게 인식된다. 특히 기업의 존속과 유지 및 발전에 결정적이고도 근본적인 요소로 작용하게 될 것이다. 또한, 사회가 복잡해짐에 따라 세분화된 사회환경에서 기업의 이념을 확립함에 있어서 광고가 유력한 커뮤니케이션 수단으로 인식되면서 기업이미지와 경영을 일체화하는 기업광고의 필요성이 제기되고 있다.

기업 이미지를 형성, 관리하는 전략에는 여러 가지가 있다. 그러나 현대사회에서 매스 커뮤니케이션의 역할과 영향력이 지대해짐에 따라 이를 이용하는 여러 수단 중 광고 커뮤니케이션이 기업 이미지 전략에서 중요한 역할을 담당하고 있다. 특히 기업광고는 기업의 통제가 용이하고 효과의 측정을 통해 변경이 가능하다는 것 등 전략적 활용의 가치가 높다고 할 수 있다.

또한 효율적인 이미지 전략을 수립하기 위해서는 모든 사회집단들에 대해 획일적인 전략을 세울 것이 아니라 각 사회집단이 기업 이미지 평가 시 고려하는 요인이 조금씩 다르므로, 파악하고 있는 기업의 이미지도 각기 다른 것이라는 것을 인식하여 각각의 사회집단들이 지니고 있는 기업 이미지상의 위치를 확인하는 것이 우선적 과제가 될 것이다.

따라서 본 연구에서는 다음의 세 가지 연구목적에 따라 연구하고자 한다.

첫째, 기업광고와 기업 이미지의 전반적인 내용을 이해하기 위한 이론을 정립하고자 한다.

둘째, 기업광고와 기업 이미지 이론 연구를 바탕으로 기업광고와 기업 이미지와 의 관련성은 어떻게 형성되는가를 알아보고,

셋째, 기업 이미지 형성에는 어떤 요인이 영향을 미치는지 실증분석을 통해 규명하고자 한다.

## 제3절 연구의 방법 및 구성

본 연구는 기업광고가 일반 대중에게 어떻게 기억되며, 기업광고와 기업 이미지는 어떤 관계를 갖고 있는지, 그 영향 요인에는 어떤 것이 있으며, 어떤 영향을 주는지를 알아보기 위한 연구이므로 기존의 연구와 이론을 토대로 기업광고와 기업 이미지에 대해 이론적 고찰을 하고, 실증적 연구로서 기존의 이론들을 검정하고자 하며, 이에 본 연구를 다음과 같이 구성하였다.

제1장은 서론부분으로 연구를 하게 된 동기와 문제제기, 연구의 목적을 구체적으로 서술한 연구의 도입부이다.

제2장은 기업광고에 대한 이론적 고찰로서 기업광고의 정의, 목적, 필요성과 기능 등을 살펴본다.

제3장은 기업 이미지에 대한 고찰로, 기업 이미지 형성 과정과 기업 이미지에 대한 연구, 관리의 필요성, 기업광고와 기업 이미지와의 관계를 살펴본다.

제4장과 제5장은 실증연구로, 앞의 이론적 배경을 바탕으로 기업광고의

현황을 살펴보고, 기업 이미지 분석을 통해 설정한 가설에 대한 검정을 실시한다.

실제연구는 설문조사로 통계자료 처리를 통해 그 결과를 분석하고 지각도를 작성하여 집단 간 차이를 분석하며, 기업 이미지 광고의 영향 요인에 대해서는 2차 분석을 통해 그 결과를 도출하고 기업광고와 기업 이미지와의 관계를 살펴본다.

제6장은 결론부분으로 연구결과 요약과 본 연구의 한계점을 제시하여 다음 연구를 위한 시사점을 기술한다.

# 제2장 기업광고의 본질

## 제1절 기업광고의 개념과 분류

### 1. 기업광고의 개념

광고는 그 목적에 따라 제품광고(product advertising)와 기업광고(corporation advertising)의 두 가지로 분류한다. 제품광고란 제품이나 서비스에 관한 정보를 제공하는 광고이다. 기업광고는 기업의 정책, 사회적 공헌이나 사회적인 유용성을 알림으로써 기업의 명성을 높이거나 기업에 대한 신뢰감을 가지도록 함으로써 기업에 대한 호의 내지는 호의적인 태도를 형성하게 하려는 광고로서 장기적인 성격을 가진다.[6]

그러나 기업광고는 복합적인 요소를 포함하고 있기 때문에 기업광고에 대한 정의는 매우 다양하다. 기업광고는 대체로 영어로는 "institutional advertising"이라고 불려 왔는데, 기업이 주식회사로 커지거나, 자회사와 방계회사를 두는 큰 기업이 되면서부터는 "corporate advertising"이라는 이름으로 흔히 일컬어지게 되었다. 그러나 "institutional advertising"은 기업은 물론 그 이외의 제도체나 조직체에 의한 아이디어 판매까지를 포함하는 명칭이다. Texas A&M 대학교의 마케팅 교수인 Coe는 corporate advertising을 "commercial institutional advertising"이라 하고, institutional advertising을 "non-commercial institutional advertising"이라고 구분하고, 후자를 "public service advertising"이라고 부르고 있다.[7] 한 광고용어 사전에서는 기업광고를 다음과 같이 정의

---

6) 김원수, *광고학개론*, 경문사, 1990, p.77.
7) Coe, Barbara J., "The Effectiveness Challenge in Issue Advertising Campaigns", *Journal of Advertising*, 12(No. 4), 1983, pp.27-35.

하고 있다. "기업광고(institutional advertising)란 제품이나 서비스를 광고하기보다는 하나의 회사에 대한 선의를 창조할 목적으로 하는 광고이다."[8]

기업광고는 이미지 조성을 꾀하는 광고이다. 다시 말하여 제품광고가 제품자체에 대한 광고인 데 반하여, 기업광고는 그 제품을 만들어 세상에 내놓는 기업의 배경(기업의 생각이나 주장)을 알리고 이해시키려는 광고이다. 광고의 종류로서는 이론상 이렇게 구분되지만 실제로는 이런 구분이 힘든 경우가 있다. 그 까닭은 기업광고와 제품광고를 혼합한 제품설득광고가 현실적으로 많기 때문이다.[9]

기업광고와 비슷한 의미로 PR(public relations)과 홍보가 있다. 먼저 PR을 우리말로 그대로 옮기면 "대중관계"이다. 그러나 이것은 단순한 대중관계를 의미하는 것이 아니라, 조직이 대중 또는 사회와의 상호 이해 수준을 높이고, 유지하기 위해서 행하는 일련의 노력이다. 즉, PR은 조직과 대중의 이익에 도움을 줄 수 있는 경향분석, 그 경향의 결과 예측, 조직의 지도자에 대한 카운셀링, 계획된 행동 프로그램을 실행하는 한 방법이다. PR은 제품을 팔기 위한 것이 주된 목적이 아니라 이해에 초점을 두고 이뤄지는 쌍방적 커뮤니케이션이다.

또한 홍보는 단순히 뉴스거리를 만들어 대중에 우호적인 관계를 갖게 하는 것이며, 실제로 홍보는 PR의 한 부분으로 단기적으로 수행되는 활동이다. 그러므로 PR은 홍보와 기업광고를 포함하는 포괄적인 개념이다.[10]

이와 같은 기업광고의 정의로 볼 때, 기업광고는 기업의 이미지와 밀접한 관계가 있으며 제품광고와 서로 보완적인 작용을 함으로써 그 효과가 증진됨을 알 수 있다. 좋은 제품광고는 기업을 좋은 제품을 생산하는 양호한 기업으로 생각하게 하고 기업광고를 잘하게 되면 기업 자체를 제품을 생산하는 차원을 넘어서 하나의 제품으로 인식하게 해준다.

따라서 현재 광고에서는 제품광고와 기업광고를 병행함으로써 제품광고

8) Urdang Laurence, *Dictionary of Advertising Terms*, Chicago, Tatham-Laird Kunder, 1977, p.86.
9) 小林太三郎, 企業廣告, 東京, 宣傳會議, 1971, p.149.
10) 이차옥, 이성근, *프로모션 에센스*, 무역경영사, 1999, pp.193-210.

의 기업성 지향과 기업광고의 제품성 지향의 교차에 의한 상승효과를 겨냥한다.[11]

## 2. 기업광고의 분류

기업은 자신을 보호하고 방어하기 위해 그리고 자사의 업적이나 사회적 책임 등을 일반 대중에게 알리기 위해 기업광고를 시행하고 있다. 이러한 기업광고에는 보통 기업의 업적, 규모, 전통과 역사, 기술력 등 기업정보를 소구하는 것과 고객에 대한 서비스를 제공하는 서비스 테마광고, 그리고 사회적 이슈에 대한 기업의 입장을 밝히는 옹호광고 등 많은 종류가 있다. 최근에는 자신들이 판매하고 있는 제품의 우수성과 기업에 대한 정보를 함께 다루면서 기업 이미지의 향상뿐만 아니라 직접적인 제품판매의 증가도 함께 목표로 하는 혼성광고(hybrid advertising)도 등장하고 있다. 이와 같이 다양한 특성을 지니고 있는 기업광고에 대해 학자들은 여러 가지로 분류하고 있다.

### (1) Coe의 분류[12]

Coe 교수는 기업광고를 '아이디어 판매'로 정의해 추구하는 목적에 따라 애고기업광고, PR기업광고, 공공봉사 기업광고로 분류했다.

### (가) 애고기업광고(patronage institutional advertising)

판매촉진적 제품광고와 상호 보완하는 기능이 가장 큰 기업광고로서 기업 및 그 서비스 정책을 예상 소비자에게 알려서 회사에 대한 호의적인 기

---

11) Sethi, S. P., "Institutional/Image Advertising and Idea/Issue Advertising as Marketing Tools: Some Public Issues", *Journal of Marketing*, Vol. 43. (Jan, 1979), pp.68-78.
12) Coe, Barbara J., *Advertising Practice: Analytic and Creative Exercises*, Prentice-Hall, 1972, p.32.

업 이미지를 획득하려는 것을 목적으로 하는 광고이다. 즉, 기업이 판매하는 제품이나 서비스보다는 그것을 만들고 제공하는 기업에 대해 소비자가 신뢰하고 애고심을 갖고 후원하도록 하는 아이디어를 심으려는 광고이다.

(나) 기업PR광고(public relations institutional advertising)

애고기업광고가 제품판매촉진적 성향이 짙은 것에 비해 기업PR광고는 기업을 판매하려는 의도가 큰 특정 목적을 가진 광고이다. 즉, 기업이 회사와 그 경영자에 대해 호의적인 태도를 갖도록 메시지를 통하여 기업의 PR 문제를 해결해 나가려는 PR형태의 광고라고 할 수 있다.

일반 대중을 대상으로 대량보도매체를 통하여 자기기업의 우수성이나 특이성 또는 어떤 행사, 사회에 대한 봉사활동 등을 널리 알릴 뿐이고 제품과는 직접 관계가 없는 고지기능만을 하는 광고로, 좋은 기업이라는 점, 양심적 기업이라는 이미지를 조성하려는 것으로 기업명을 크게 내세우는 것이 일반적이다.

(다) 공공봉사 기업광고(public service institutional advertising)

사회복지에의 기여와 이를 통하여 공공문제에 대한 강한 리더쉽을 확보하려는 목적에서 행해지는 기업광고이다. 즉, 제품명이나 기업명을 내세우지 않고 사회복지나 중요한 사회문제에 대한 아이디어를 기업이 제시함으로써 공공에 기여하고자 하는 기업광고로 공중 서비스 광고라고도 한다.

(2) Sethi의 분류[13]

(가) 기업 이미지 광고

기업 이미지 광고는 일반 대중이 기업 이름이나 기업이 관여하고 있는 활동들을 주목하고 인지하도록 하기 위한 것이다. 이러한 광고는 전통적으로 호감을 주려는 기업광고의 유형이다. 이 광고가 다루는 세 가지 유형의

---

13) Sethi, op.cit., pp.68-78.

메시지(계몽/휴머니즘, 기업과시적, 사회책임적)에 따라서 다음과 같이 나눌 수 있다.

① 계몽/휴머니즘광고(enlightenment/humanism-goodwill advertisement)

적십자 활동과 같은 것으로 주된 의도는 호의를 창출하는 것이고 기업의 실체는 최소한으로 인식시키는 데 있다. 대중 방송의 스폰서 제공 방송 프로그램에서 기업의 로고(logo)가 방송 프로그램 앞뒤에 나오면서 "이 프로그램은 OO기업 협찬으로 제공됩니다."라고 후원의 의미가 있는 문구가 있는 경우가 잘 알려진 계몽/휴머니즘 광고의 실례이다.

② 기업과시적 광고(name identification advertisement)

이 광고는 기업명, 기업의 특성, 우수성 등을 알려서 기존 및 잠재 고객, 공급업자, 종업원 그리고 투자자들이 기업의 이름과 로고에 관심을 갖고 인식하도록 설계되었다. 이러한 유형의 광고는 전형적인 상업광고의 목적인 구체적인 제품/서비스에 대해서 다루기보다는 기업광고주의 어떤 구체적 특성을 다룬다.

③ 사회책임적 광고(public responsibility identification advertisement)

이 광고는 자기 기업이 현재 무엇을 하고 있는가를 대중에게 알리는 데 목적이 있다. 즉, 기존 및 잠재고객, 공급업자, 투자자, 종업원, 지역주민단체 등이 기업이나 그 기업에서 만드는 제품/서비스들에 대해서 긍정적 이미지를 형성하도록 하는 것이다. 광고에서는 기업과 기업이 하고 있는 활동을 중심으로 기술한다. 그러나 메시지는 기업과 그 기업행위를 간단히 설명하는 것으로 제한되어야 한다. 만약 설명된 메시지가 사회적 유용성, 공공이익, 공공이해 등과 연관되어 있다면 그것은 아이디어/이슈광고로서 분류하는 것이 더 적절할 것이다.

(나) 아이디어/ 이슈광고(idea/issue advertising)

대부분의 기업광고는 전통적으로 기업 이미지 광고로 이해되어 왔다. 그러나 한편으로 기업은 사회적/정치적 문제에 대한 자신들의 견해를 표명하는 광고를 하기 시작했는데 이를 옹호광고(advocacy advertising)라 한다. 옹호광고는 기업광고의 하나로 광고주, 사회, 경제, 기업, 산업 및 정치적인 중요문제를 거론하고 이에 대한 광고주의 생각을 표명하여 이에 대한 여론을 환기시켜 동의를 얻음으로써 기업을 옹호하고 발전을 꾀하는 것이다.[14] 다시 말하여 옹호광고는 여러 가지 사회적 이슈에 대해 정보를 제공하거나 교육하며 그 이슈에 대한 기업의 입장 등을 알리려는 광고형태이다. 이 광고의 범주는 세 가지 유형의 메시지(간접 옹호, 직접 옹호, 위장 옹호)에 따라서 다음과 같이 세분될 수 있다.

① 간접옹호광고(indirect advocacy advertising)
이 광고는 기업 활동이 공공의 이익에 기여하고 있다는 메시지를 갖고 있고, 이런 활동이 간접적으로 공공 이해의 이슈에 대한 해결책이 될 수 있음을 은근히 알린다.
② 직접옹호광고(direct advocacy advertising)
이 광고는 사회적 문제들에 대해서 구체적인 관점 또는 문제 접근방법을 제시한다. 이 광고 메시지들은 자기 기업의 주장과 증거를 긍정적으로 묘사하고 반대되는 입장을 부정적으로 묘사하여 수용자로 하여금 구체적인 행동을 하도록 요구한다.
③ 위장옹호광고(disguised advocacy advertising)
사회문제에 대한 2가지 주장을 다 광고 메시지에 담는 형태로, 이는 특정 이슈에는 항상 두 가지 측면이 있음을 전제하는 것이다. 그러나 결국에는 기업을 옹호하는 입장이 미묘하게 드러나게 된다. 이 광고는 주어진 사회적 이슈에 대한 양쪽의 주장(both sides of an argument)을 제시하는 메시지를 포함하고 있다.
또한, 광고는 그것이 담고 있는 내용에 따라 정보형의 광고와 이미지형의 광고로 구별할 수 있는데, 여기서 정보형이란 정보적인 혜택을 주는 것을 말

---

14) Sethi, S. P, "Advocacy Advertising-The American Experience", *California Management Review*, Vol. 21(Fall 1978), pp.56-57.

하며 이미지형은 설득적인 것을 의미한다. 이런 분류에 있어서, Nicosia는 제품광고에 있어서 이미지형의 광고는 설득적인 광고 형태로서 소비자에게 구매를 강요하는 내용으로 이해되고 있으며, Marquez는 모든 광고를 정보적 광고와 설득적 광고로 분류하고 정보와 설득의 사전적 의미를 적용하여 그 의미를 설득은 누군가로 하여금 어떤 일을 믿게 하거나 행동하게 하는 것으로 보았고, 정보는 뉴스나 지식과 같이 얘기된 물건, 학습된 사실이라고 보았다.[15]

## 제2절 기업광고의 목적과 기능

### 1. 기업광고의 목적

기업을 둘러싸고 있는 환경요인인 대중, 즉 소비자, 예상고객, 주주, 투자자, 채권자, 종업원, 취업 희망자, 지역주민, 금융기관, 납품업자, 관련기업, 언론기관, 정부 및 지방공공단체 등은 각각 기업에 대한 종합적 인상인 기업 이미지를 가지고 있는데, 그 이미지가 좋지 않으면 이들의 기업에 대한 여론이 경직되며, 이런 이미지가 기업과 대중 사이에 지속되어 관계가 악화되면 당연히 기업목표의 달성이 어려워지게 된다. 기업은 이해관계자들과의 상호 의존의 바탕 위에서 존속, 성장하기 마련이며, 이러한 기업 주위의 환경적 조건이 악화되면 기업의 존속, 성장을 뒷받침하여 주는 사회적 신뢰 내지는 호의적 태도를 대중으로부터 얻을 수 없게 된다. 이러한 이유 때문에 제품광고 외에도 기업광고가 필요하게 된다.

기업의 입장에서는 기업광고의 목적이 곧 기업광고의 정의가 된다. 기업광고라고 할 때는 '이슈/주장', '이미지', '정체성', '포괄성(통일)', '재정적인', 그리고 '공공 서비스'라는 단어들의 의미가 포함되는데, 이는 전형적인 기

---

15) 김대열, "기업광고에서 모델의 속성이 기업 이미지에 미치는 효과", 홍익대학교 대학원, 석사학위 논문, 1994, p.12.

업 경영자들의 반응이다.[16) 그러므로 경영자들이 지각하는 기업광고의 목적에 대한 고려가 없다면 올바른 목적 설정이 될 수 없다.

기업광고는 기업에 대한 긍정적 이미지를 형성하고 사회적, 사업적, 환경적 이슈에 대한 기업의 의견을 주장하고자 하는 목적을 위해 실행된다. 구체적으로 기업광고의 목적을 살펴보면 첫째, 기업의 정책, 목표, 이념 등을 대중에게 이해시켜 좋은 이미지를 남기려고 한다. 둘째, 기업 경영진의 우수성, 기술개발 및 제품의 개선, 사회발전과 공공복지에 대한 공헌을 강조하여 기업 이미지에 대한 긍정적인 효과를 낳고자 한다. 셋째, 건실한 재무구조를 강조하여 기업에 대한 투자 욕구를 높이고 주주, 투자자 그리고 채권자에게 긍정적인 이미지를 심어준다. 넷째, 기업의 실체(identity) 설정으로 기업이 판매하는 상표들의 일관적 이미지를 형성한다. 다섯째, 사회적 이슈에 대한 기업의 입장을 피력하는 수단으로 이용된다. 마지막으로, 임직원의 사기를 진작하고 미래의 취업자에게 일하기 좋은 기업임을 알리고자 한다.[17)

즉, 기업광고는 소비자, 정부, 기업 내 종업원, 투자자, 매체기관과 같은 기업과 관계된 공중들이 기업에 대한 호의적인 이미지를 갖도록 함으로써 기업의 경쟁적 위상을 높이는 데 그 목적이 있다고 할 수 있다.

또 Sachs[18) 그리고 Patti와 McDonald[19)는 많은 기업들을 표본으로 해서 기업광고의 용도 및 견해에 관한 정보를 수집하였다. 그 결과에 의하면 기업광고는 여러 가지 편익을 추구하고 있음을 알 수 있다. Schumann, Hathcote와 West[20)는 이런 연구들을 근거로 해 기업 경영자들이 기업광

---

16) Darling, H. L. "How Companies are Using Corporate Advertising", *Public Relations Journal,* 31(Nov.), 1975, pp.26-29.

17) 이두희, *광고론*, 박영사, 1997, p.425.

18) Sachs, William S., "Corporate Advertising: Ends. Means. Problems." *Public Relations Journal.* 37(Nov.), 1981, pp.14-17.

19) Patti, Charles H. and John P. McDonald, "Corporate Advertising: Process, Practice and Perspectives(1970-1989)", *Journal of Advertising 14(No. 1),* 1985, pp.42-49.

20) Schmann, David W., Jan M. Hathcote and Susan West, "Corporate Advertising In America: A Review of Published Studies on Use, Measurement, and

고의 목표를 다음과 같이 인식하고 있다고 밝혔다.

　첫째, 기업 명성의 증대
　둘째, 제품 및 서비스 지원
　셋째, 사업 관심의 증대
　넷째, 기업 정보원천으로서의 대표적 성격
　다섯째, 기업의 관점을 옹호하거나 상대편의 주장에 대응
　여섯째, 기업의 사회적, 환경적 활동을 일반 대중에게 커뮤니케이션 하는
것 등이다.

　이렇게 볼 때, 오늘날 차별화를 통한 경쟁적 우위의 확보가 어려워짐에
따라 소비자들이 제품을 선택함에 있어서 제품을 생산, 판매하는 기업의
이미지도 중요한 영향을 미치게 되어 기업광고의 역할은 과거와는 비교할
수 없을 정도로 확대되었으며, 시간이 갈수록 그 중요성은 더욱더 커질 것
이라고 생각되므로, 기업광고의 목적과 목표가 명확하고 확실하게 수립되
어 일반 대중의 인지도를 높일 수 있도록 설정되어야 한다.


## 2. 기업광고의 기능

　기업광고의 기능은 다른 광고기능과 마찬가지로 정보의 전달에 의한 설
득적 커뮤니케이션인데, Flanagen은 기업광고의 기능을 다음과 같이 6가지
로 분류하고 있다.[21]

　① 보호적 기능: 기업과 기업이 펼치는 활동을 보호하는 기능
　② 이미지 창출기능: 기업의 이미지를 향상시키는 기능

---

Effectiveness", *Journal of Advertising, 20(3)(Sep.)*, 1991, pp.35-56.
21) 김정기(편), *실전PR론*, 전예원, 1983, p.386.

③ 대내외적 기능: 대내적으로 회사의 총화를 이루고 대외적으로 고객에 게 서비스를 제공하여 궁극적으로 기업에 이익을 제공하는 기능

④ 서비스 판매기능: 전화국에서의 서비스 판매와 같이 선전을 위한 광 고기능

⑤ 공공 서비스기능: 대중의 이익을 위한 기능

⑥ 행동유발 기능: 기업의 실체를 변화시키거나 유리한 법적 조치가 취 해지도록 하는 기능

이러한 기업광고활동은 기업 이미지 향상을 위하여 행하여지고 있다. 이 런 기업 이미지 향상은 장기적으로 기업의 목표에 접근할 수 있게 하는 결 정적인 요인이 되는 것이다.

## 3. 기업광고와 제품광고의 관련성

기업광고와 제품광고는 상호 배타적인 것이 아니어서 좋은 제품광고는 기업을 좋은 제품을 생산하는 양호한 기업으로 생각하게 하고 기업광고를 잘하게 되면 기업자체를 부차적인 제품 이상의 하나의 제품으로 인식하게 된다.[22] 한 연구에서는 기업을 기업광고와 제품광고의 사용 정도에 따라 구분된 4개의 소집단에 넣어서 각 집단에 속한 기업들에 대한 전반적인 태 도를 측정하였다.[23] 즉, 제품광고와 기업광고에 대한 광고비 지출을 기준 으로 ① 고기업광고-고제품광고, ② 고기업광고-저제품광고, ③ 저기업광 고-고제품광고, ④ 저기업광고-저제품광고의 4구역으로 나누고, 이들에 대한 태도를 조사하였던 것이다. 그 결과에 의하면,

---

22) Allen, A., "Corporate Advertising-Out of the Ivory Tower into Marketing", *Public Relations Journal*, (Nov, 1974), pp.8-9.
23) Garbett T. F., *Coporate Advertising: The What, The Why and The How*, McGraw-Hill, 1981, pp.93-95.

① 광고회상도에 있어 고기업광고 기업은 제품광고에 동일하거나 더 많은 금액을 지출하는 기업보다 상당히 유리한 위치에 있었다.

② 고기업광고 – 저제품광고 기업은 적은 예산으로 저기업광고 – 고제품광고를 하는 기업과 거의 동일한 광고회상도를 가졌다.

③ 기업광고를 하는 기업은 동일하거나 적은 금액으로 제품광고에 투입하는 기업보다 더 높은 친숙성(familiarity)과 친밀성(association)을 대중으로부터 획득하고 있었다.

④ 기업광고를 하는 기업은 동일하거나 적은 금액을 제품광고에 투입하는 기업보다 전체적 인상이 좋았고 호의적 행동의 가능성이 높았다.

# 제3절 기업광고의 효과

기업광고의 효과에 대한 연구 및 조사결과는 기업광고가 발달된 미국에서도 1970년대에 들어선 후부터였다.

기업광고의 효과에 대한 기존의 연구들로는 다음과 같은 것들이 있다.

## (1) Yankelovich 등의 연구[24)]

Yankelovich 등은 연구에서 기업광고를 하고 있는 5개 회사와 하고 있지 않은 5개 회사를 선정하여 기업의 경영진을 중심으로 각 기업에 속하는 회사에 대한 호의적 태도를 형성하는 데 기업광고가 미치는 영향을 조사한 결과는 다음과 같다.

---

24) Yankelovich, S. and White, Inc., *A Study of Corporate Advertising Effectiveness,* 1977. pp.134–155.

① 지각도 분석: 기업광고를 하는 기업은 하지 않는 기업보다 인지도에
있어서는 13%, 친숙도에 있어서는 22%, 전체적 인상은 34% 정도로
높게 나타났다.

② 회사의 속성분석: 기업광고를 하는 기업은 하지 않는 기업보다 제품
품질, 경영진의 능력, 주식에 대한 관심도, 재정상태의 건실성, 사회적
책임수행 등에서 호의적 태도로 받아들여졌다.

③ 광고 회상분석: 응답자에게 각 기업의 사명, 로고(Logo)만 보여준 뒤
그 기업의 광고를 회상해 줄 것을 요청했을 때 기업광고를 하고 있는
기업은 하지 않는 기업보다 회상율이 전체적으로 33% 정도 더 높았다.

따라서 결론을 다음과 같이 설명하고 있다.

첫째, 광고를 기억하는 정도, 친숙도, 기업의 특성연상, 전반적인 호의도,
지지하는 태도로 나타날 가능성의 5가지 중요한 광고효과 측정결과를 비교
해 볼 때, 기업광고를 전혀 하지 않거나 거의 하지 않는 기업에 비해 기업
광고를 계속하는 기업이 전반적으로 유리한 것으로 나타났다.

둘째, 주식을 사거나, 다른 제품과 비교하지 않고도 그 회사제품을 사거
나, 연차보고서를 읽거나, 취직을 권유하거나, 어떤 문제가 일어났을 때 그
회사의 입장에 서주는 등 기업광고를 하는 회사에 대해서는 일반국민이 지
지해줄 가능성이 늘어나고 있다.

(2) Grass의 연구[25]

Grass는 미국의 Du Pont사가 사회의 복지에 관심이 있고, 사회가 직면
한 문제해결을 돕고 있으며, 공중의 안전에 관심을 가진다는 것을 알리고

---

25) Grass, Robert C., Barteges, David W. and Piech, Jeffrey L., "Measuring
Corporate Image Ad Effects", *Journal of Advertising Research*, Vol.
12(Dec. 1972), pp.15~22.

자 실시한 기업광고 캠페인에 대한 효과의 조사를 실시했는데, 인쇄매체에 대한 접촉의 고저, TV매체 접촉의 고저 등 4개의 영역을 구성하여 패널조사를 한 결과는 다음과 같다.

첫째, 기업광고는 효과가 있었다. 기업광고 캠페인에 의해 Du Pont사에 대한 전반적 호의성이 증대되었다.
둘째, TV캠페인에 많이 노출될수록 호의가 증대되었다.
셋째, 인쇄매체를 통한 캠페인은 유효하지 못했다.
넷째, 태도가 항상 변화하고 있는 국민들을 대상으로 조사해 본 결과, 캠페인 기간 동안 호의적 태도의 증가가 있었다.

### (3) Winters의 연구

① 1986년의 연구[26]
기업 이미지를 형성하는 속성을 기업행동/마케팅 속성, 사회적 행동속성, 기부속성 등으로 나누고 회귀분석을 실시한 후 기업광고와의 연관성을 조사하였다. 그 결과 기업행동/마케팅 속성이 기업에 대한 호의성의 예측에 가장 중요한 요소라는 것을 알아내었으며, 기업광고 메시지는 기업행동적 측면에서 사회적 이미지 개선에 중점을 두어야 할 것으로 나타났다.
② 1988년의 연구[27]
Mitchell이 창안한 VALS개념에 의해 내부지향적인 사람과 외부지향적인 사람에 대한 기업광고의 효과를 조사하였다. 석유산업에 대한 태도를 비교했을 때, 내부지향적인 사람이 더 비호의적이고 특정 사회이슈에 더 관심이 있는 것으로 나타났는데, 이러한 사전정보를 가지고 기업광고를 실

---

26) Winters, Lewis C. "Should You Advertise to Hostile Audiences?", *Journal of Advertising Research*, 17(No. 3)(Jun/July), 1986, pp.54-59.
27) Winters, Lewis C., "Does It pay to Advertise to Hostile Audiences with Corporate Advertising?", *Journal of Advertising Research*, Vol. 26(3), 1988, pp.11-18.

시한 후 긍정적 태도변화를 본 결과, 내부지향적인 사람의 변화가 외부지
향적인 사람보다 훨씬 더 크게 나타났고, 그 기업의 상표를 구매하겠다는
사람의 수가 더 많았다.

(4) Lehman의 연구[28]

Lehman 등은 잘 알려지지 않은 생산자가 특정제품을 판매하려 할 때
고관여 제품의 경우와 저관여 제품의 경우로 나누어 제품광고와 기업광고
중 어느 것이 더 효과적인가를 분석하였다. 분석결과, 다음과 같은 결론을
내렸다.

① 기업광고는 저관여 구매상황과 고관여 구매상황 둘 다 제품광고보다
   효과적이다. 제품광고는 저관여 상황보다 고관여 상황에 더 효과가
   크다.
② 기업광고에 대한 선호는 공급자의 능력에 구매의사결정자가 관심을
   기울이고 있기 때문이다. 구매 의사결정자는 특정 제품에 대한 정보
   를 판매원이나 카다로그, 제품설명서 등을 통해 알 수 있는 것이다.
   따라서 잠재적 공급자를 찾는 경우에는 기업광고가 유리하고, 복잡하
   고, 차별화된 제품에 대해서는 제품광고가 유리했다.
③ 잘 알려지지 않은 기업의 호의적 이미지를 심는 가장 좋은 방법은 제
   품광고보다 기업광고를 사용하는 것이다. 전통적으로 잠재적 구매자
   는 제품광고, 제품사용 등을 통해 공급기업에 대한 호의적 이미지를
   형성한다고 생각되어 왔으나 연구결과에 의하면 기업광고가 더 효과
   적인 것으로 나타나고 있으며, 이는 현재 기업광고가 늘어나는 현상
   과 일치하는 것이다.
   이와 같은 기존 연구들을 요약하면 <표 2-1>과 같다.

---

28) Lehman, Martin A. and Cardozo Richard N., "Product or Industrial
   Advertisements?", *Journal of Advertising Research*, Vol. 13(2), 1973, pp.43-46.

## <표 2-1> 기업광고 효과연구에 대한 기존 연구들

| 연구자 | 연도 | 연구방법 | 연구결과 |
|---|---|---|---|
| Grass | 1972 | Du Pont사의 기업광고 캠페인에 대한 효과를 소비자의 인쇄매체 접촉에 따라 나눠 조사함 | 전반적으로 효과가 있으며, TV 과다 노출자의 호의도가 높고, 인쇄매체 캠페인 효과는 적음 |
| Lehman | 1973 | 잘 알려지지 않은 기업을 대상으로 저관여 제품과 고관여 제품에 대한 기업광고와 제품광고 중 어느 것이 더 효과적인지 분석함 | 기업광고는 저관여, 고관여 상황에 다 효과적이며, 특히 잘 알려지지 않은 기업의 경우 더 효과적임 |
| Yankelovich | 1977 | 기업광고를 하는 미국 기업 5개사와 하고 있지 않은 5개회사를 선정하여 지각도 분석, 기업 속성분석, 광고 회상분석을 실시함 | 기업광고를 하는 기업이 인지도, 친숙도, 호감도, 지각된 품질, 경영진 능력, 광고회상률 등이 높게 나옴 |
| Zetti, E. | 1983 | ITT사의 다양한 사명을 설명하기 위해 인지도 테스트 실시 | 인지도가 65%로 상승, 이 중 3/4의 ITT사가 기술적 선도자라고 생각함 |
| Cooper,W. | 1985 | Chessie and Seaboard Railroad사에서 재인요인을 조사하기 위해 투자자들의 인지도 변화를 분석함 | 재인요소가 17%에서 47%로 증가됨 |
| Fitch | 1985 | Boise Cascade사의 소비자 반응수를 조사함 | 한 광고에 대한 응답수가 7,000개 이상이 됨 |
| Maier,K. | 1985 | 기업실체의 촉진과 이미지 부각을 위한 설문조사 실시함 | 기업에 대한 회상과 태도 측정이 상당히 개선됨 |
| Selwitz, R | 1985 | 기업 이름의 촉진을 위해 사전, 사후 실험설계에 의한 설문조사 | 촉진 후, 재인이 6배 증가함 |
| Hartigan and Finch | 1986 | 대중에게 문제해결 전략의 제공을 위해 조사함 | 지각(perception)이 증가함 |
| Winters | 1986 | 기업 이미지를 형성하는 속성을 기업행동/마케팅 속성, 사회적 행동속성, 기부 속성 등으로 나눠 기업광고와의 연관성 조사 | 기업행동/마케팅 속성이 기업에 대한 호의성 예측에 중요한 요소이며, 기업광고는 기업의 사회적 이미지를 개선 |
| Winters | 1988 | Mitchell이 창안한 VALS개념에 의해 내부지향적, 외부지향적 사람을 대상으로 기업광고 노출 후 기업 이미지 변화를 측정함 | 내부지향적인 사람들이 더 비호의적인 기업 이미지를 갖으며, 기업광고 노출 후 긍정적인 변화를 보임 |

자료: David W. Schmann, Jan M. Hathcote and Susan West, "Corporate Advertising in America: A review of Published Studies on Use, Measurement and Effectiveness," *Journal of Advertising*, 20(3;Sep.), 1991, pp.44-45의 내용을 중심으로 연구자가 재구성한 것임.

# 제4절   기업광고의 역사적 배경


오늘날에는 소비자로서의 권익을 적극적으로 도모하려고 하는 사회적 분위기의 확산과, 환경에 대한 관심이 높아져 기업의 이윤을 사회에 환원해야 한다는 요구가 점차 높아지고 있고, 그에 따라 기업의 윤리, 기업의 사회적 책임 등에 관한 관심들이 높아져 가고 있다. 따라서 기업들은 변화해가는 사회환경하에서 기업광고를 더욱 절실하게 필요로 한다.

기업광고는 기업의 사회성이라는 인식에서 출발하였으므로 그 역사도 제품광고에 비해 매우 짧다. 광고의 선진국이라 할 수 있는 미국에서 최초의 기업광고를 수행한 기업은 1883년 미국의 벨 전화시스템이라 할 수 있다. 20세기 초 벨 전화시스템은 기업의 대규모화로 인한 대중과의 대립관계, 언론과의 대립을 초래함으로써 이에 대응하기 위한 방어수단으로 광고를 이용하였으며, 1920년대에 1차 대전을 통해 막대한 부를 축적한 GM(General Motors)사를 비롯한 회사들이 기업의 호의적인 이미지를 구축하기 위해 기업광고에 비용을 투입하기 시작했고 그 후 30년대에 기업의 독점횡포가 만연되고 New Deal정책이 실현되면서 일반 대중의 재벌에 대한 반감과 반기업 활동이 거세어지고 30년대 이후 소비자 운동이 본격화됨에 따라 기업광고의 필요성을 더욱 느끼게 되었다.[29]

그러다가 1973~1974년의 석유파동과 함께 반기업적 사회집단의 활동이 증대되면서 기업광고의 기능이 더욱 강조되었다. 즉, 저성장 시대의 도래와 함께 제품의 기술격차가 줄어들고 대신 기업의 이미지 격차가 판매의 관건이 되기에 이른 것이다. 이때부터 기업의 정책은 마케팅 중심으로부터 인식 중심으로 중요성이 옮겨가게 되었고, 기업에 대한 대중의 비판과 공격이 점점 증대됨에 따라 기업방위, 더 나아가 기업보호의 노력이 필요하게 되었다. 그래서 기업들은 서로 다투어 기업의 사회적 책임과 공공봉사를 앞세운 기업광고를 통해 사회와의 대화의 창을 마련하지 않을 수 없는 단계에 도

---

29) 오두범, *광고커뮤니케이션 신론*, 전예원, 1989, pp.123-124.

달했다. 자의든 타의든 기업의 사회적 책임에 눈을 돌리게 되었고 그 결과 소비자를 생각하고 사회, 경제, 환경을 생각하는 광고, 더 나아가서 이해관계자들의 전체적인 공공 이익을 염두에 둔 광고를 하지 않을 수 없었고, 따라서 사회에 대해 책임을 지는 기업이 되지 않을 수 없게 되었다.

일본의 경우 1969년 '자동차 결함소동'을 계기로 공해문제가 갖가지 사회운동과 연결되어 기업을 '선이 아니라 악'으로 보는, 즉 기업을 공해원인으로 생각하는 사회의식을 누그러뜨리기 위한 필요에서 기업광고가 등장하였다.[30]

우리나라의 경우는 1920년대 물산장려운동을 배경으로 한 '우리 살림 우리 것으로'라는 경성방직의 광고를 최초의 기업광고라 할 수 있고, 유한양행의 의약품 오용과 남용방지에 관한 기업광고(1926년)도 초기 개척자로 기록될 수 있다.[31] 그 후 1962년부터 시작된 경제개발 5개년 계획으로 기업이 거대화되고 문어발식 기업확장으로 인한 소비자 문제, 금융특혜 문제, 환경오염 문제, 기업의 각종 반사회적 추문 등이 사회적 문제로 대두되어 이러한 제반 문제에 대처하고 기업의 신뢰성을 회복하기 위해 기업광고가 실시되었다.

그러나 우리나라는 기업광고에 대한 인식 자체가 매체사에 대한 인사치레나 접대로서의 성격으로 인식되어져 발전이 지연되어 왔다. 그러므로 우리나라에서 현대적 의미에서의 기업광고가 본격화되기 시작한 것은 1970년대부터라 할 수 있다. 70년대는 경제의 고도성장에 힘입어 기업의 규모가 급성장함에 따라 기업이 안고 있는 대내외적 문제를 해결하기 위한 방편으로 기업광고가 실시되었다. 특히 70년대 성장을 계속하던 대기업들이 중소기업을 흡수하고 계열화해 기업 간의 경쟁이 치열해짐에 따라 일반 대중들의 대기업에 대한 반기업적 의식이 팽배해지고 소비자 문제가 대두되었을 뿐 아니라, 내적으로 고용자와 노동자 간의 상호 불신, 저임금, 복지정책 등으로 인한 노동자 문제가 심각하게 대두되었다. 이에 기업들은 일반 대

---

30) 오두범, 기업광고의 모든 것, 중앙광고정보, 1977. 8, p.13.
31) 오두범, "특집: 기업PR광고 달라지고 있다; 자사이익보다 사회이익 추구하는 광고로", 광고정보, 제53호, 1985. 8, p.11.

중과의 우호와 친선을 쌓고 기업의 사회적 책임과 기업윤리를 강조하는 방편으로 기업광고를 실시하게 되었다.

그러나 초기의 우리나라 기업광고는 자화자찬식 내용이 많았고, 태도도 고압적이고 일반적이며 상투적이라는 비판을 받기도 했다. 많은 시행착오를 경험하면서 기업광고의 차별화와 공공성을 새롭게 인식하게 된 기업들은 소비자에 대한 신뢰도를 제고시키고 기업 이미지를 개선하기 위한 기업광고를 활발히 전개하게 되었다. 즉, '자연보호', '에너지절약', '노인문제', '어린이 보호', '미풍양속', '전통문화', 등 공익적인 내용과 민족의 긍지를 일깨우는 내용을 담고 있으며, 창작방법에 있어서도 서민 대중의 생활에 맞게 소구하고 있다.[32]

한편, 1985년부터 1991년 두 기간 동안에 TV에 방영된 기업광고물의 수를 비교해 보면 1985년에는 20개였던 것이 1991년에는 68개로 크게 증가하였으며, 기업광고를 행한 기업의 수도 1985년의 19개 업종에서 1991년에 43개사로 증가하였고, 업종별로도 다양해져 1985년의 11개 업종에서 '91년에 21개 업종으로 2배 가까이 늘어났다. 특히, 전자, 식품/음료, 통신, 백화점, 언론 등의 분야에서 급격한 신장을 보이고 있는데, 이는 경쟁의 심화와 제품 수의 증가에 따른 기업 실체(identity)의 상실, 그리고 기업 이미지가 제품구매에 미치는 영향력의 증대 등으로 기업광고의 역할이 크게 신장하였음을 보여준다.[33] 또 1995년부터는 지역민방과 종교방송 개국 등 신설매체의 증가로 기업광고도 더욱 증가하게 되었다.

1996년은 인쇄매체들의 다양한 변신과 질 향상이 이루어져 신문매체의 지면이 쇄신되었고, 잡지매체도 광고의 질이 향상되어 기업광고도 크리에이티브 측면에서 많은 변화를 가져왔다. 그러나 1997년부터는 외환위기로 경제가 위축되자 기업마다 광고비를 줄였으며, 이에 따라 기업광고도 줄어들게 되었다. 1998년에도 기업의 광고비 감소가 계속되었고, 광고 시장에서 최대 광고주로 자리를 지켰던 대기업들이 밀려나고 이동통신업체들이 시장

---

32) 이두희, 전게서, pp.26-31.
33) 하봉준, "기업광고 현황과 합리적 수행절차", *사보 제일기획*, 1992, 11, pp.33-35.

에서 우위를 확보하기 위해 치열한 광고전을 전개하였다. 따라서 이동통신 업체들을 중심으로 기업광고가 다시 증가하게 되었다.

　이와 같은 사회적, 경제적 환경의 변화에 따라 기업들은 자기 방어적이고, 적극적인 수단인 기업광고를 수행하게 되었고, 광고 메시지 측면에서도 기업 이념, 기업의 철학, 기업 의식을 강조하는 것에서부터 사회적 책임, 기업의 공공성, 사회적 문제에 대한 기업의 견해를 강조하는 것까지 폭넓게 확산되었다고 할 수 있다. 이러한 기업과 대중의 쌍방의 의식의 변화로 인해 기업광고는 앞으로도 계속 늘어나고 있는 추세이다.

# 제3장 기업 이미지의 관리와 전략

## 제1절 기업 이미지의 개념과 역할

### 1. 기업 이미지의 개념과 특성

#### (1) 이미지의 개념

이미지란 일반적으로 개인이 어떠한 대상에 대하여 갖는 심상을 의미하는 것으로, 연구자들 사이에서 다양하게 정의되고 있어 통일된 견해를 찾기는 힘들다.

Kotler는 이미지란 한 개인이 특정 대상에 대해 가지는 신념, 아이디어, 인상의 총체라고 정의하였고,[34] 또한 Boulding은 대상이나 사물에 대한 불완전한 정보에 의거한 추론과정에 의해 형성된 정신적 형상 내지 심상이라고 정의하고 있다.[35] 여기에서 중요한 점은 불완전한 정보가 일반화되고, 개인의 준거체계에 의해 왜곡될 가능성이 많다는 것이다. 또 Assael는 소비자가 시간이 지남에 따라 여러 가지 상이한 원천으로부터 받은 정보를 처리함으로써 형성한 목적물에 대한 전체적인 지각이라고 표현하고, 소비자들은 기업에 대한 다양한 정보와 그 기업 제품에 대한 경험으로 기업 이미지를 형성한다고 밝히고 있다.[36] 또한, 소비자들의 신념이 상표태도에 영향을 미치며, 이런 상표태도가 긍정적, 부정적인 태도를 강화시켜, 재구매의 가능성을 증가시키고 이미지를 형성하게 되기 때문에 긍정적이고, 우호적인 기업 이미지를 유지하려고 한다고 정의하였다.[37]

---

34) Kotler, Philip, *Marketing Management,* 10th ed., Prentice-Hall, 2000, p.553.
35) Boulding, Kenneth E., *The Image,* University of Michigan Press, 1956, p.6.
36) Assael, Henry, 윤훈현 역, *소비자행동론 (6th)*, 석정, 1998, pp.272-274.

한편, 정순태는 심리학적으로 볼 때 이미지는 인간이 어떠한 대상에 대해서 품고 있는 기성 개념으로서 영상이며, 이는 지각적인 것과 감정적인 것이 결합된 것으로 파악되며, 객관적이라기보다는 주관적인 것이라고 정의하였다.[38]

따라서 이미지는 개인이 어떤 대상에 대해 품는 주관적인 심상이라고 할 수 있고, 이러한 이미지의 정의로부터 마케팅 관점에서 이미지를 분류해 보면 마케팅 관점에서 제품 이미지, 상표 이미지, 기업 이미지, 점포 이미지로 나누어진다.[39]

첫째, 제품 이미지(product image)란 특정 제품에 대해 소비자가 가지고 있는 이미지로서 제품설계, 제품 아이디어, 상표, 포장, 가격 등이 제품 이미지의 형성 요인이 된다.

둘째, 상표 이미지(brand image)는 어떤 제품 계열에 속하는 모든 상표들은 각기 개성을 가지고 있는데 이러한 상표의 개성에 대한 소비자들의 생각이나 인상을 말한다.

셋째, 기업 이미지(corporate image)란 소비자 대중과 그 관련 기관들이 제품이나 상표보다 이들을 대표하는 기업자체에 대해서 갖는 이미지를 말한다.

넷째, 점포 이미지 (store image)는 소매업자의 마케팅 전략의 결과로 형성되며, 소비자에 의해 인식된 점포의 전반적 인상을 말한다. 점포 이미지는 점포의 객관적 속성과 주관적 속성의 상호작용으로 형성된다. 객관적 속성은 상품구색, 가격과 신용정책 등 관찰 가능한 기능적 특성이며, 주관적 속성은 쾌적한 분위기, 매장에서 느끼게 되는 편안함과 같은 소비자 심리와 관련된 것을 말한다.[40]

커뮤니케이션학에서는 이미지를 인간의 행동과 직접적이고 긴밀한 관계가

37) Assael, Henry, 윤훈현 역, 소비자행동론 (5th), 시그마프레스, 1998, p.233.
38) 정순태, 마케팅관리론, 법문사, 1994, pp.528-529.
39) 김원수, 광고학개론, 경문사, 1990, p.419.
40) 이학식, 안광호, 하영원 공저, 소비자행동, 법문사, 1997, p.471.

있는 것으로 파악한다. 인간이 어떤 대상을 지각한다는 것은 지각을 통해서 얻은 정보의 종합적인 평가이지만 이미지는 그 잡다한 지각을 통일화하고 체계화한다.[41] 즉 개인의 행동은 직접적이고 확실한 지식에 근거하는 것이 아니라 각자가 그린 주어진 지각상태를 통일적으로 체계화하는 이미지에 의존한다는 것이다. 결국 인간의 행동은 개개인의 머릿속에 형성된 세계에 대한 상, 즉, 이미지에 기초할 뿐만 아니라 그 이미지에 따라 결정된다.

Boulding은 이미지와 행동의 관련성을 중요시했는데, 그는 행동이 이미지에 의존하고 커뮤니케이션 메시지는 이미지를 형성시키고 수정, 변화시키는 것으로 보고 있다. 그는 이미지는 어떤 사람이 과거에 겪은 경험의 종합적인 결과로서 생겨나는 것이라고 했는데,[42] 여기서의 경험은 메시지에 의한 간접적 경험형태인 정보의 기능을 중시하는 것이다.

이러한 이미지의 조사는 조직체에 대해 공중이 어떤 태도를 갖고 있는지, 조직체를 얼마나 잘 이해하는지, 조직체에 대한 선호도는 어떤 내용인지를 알아봄으로써 기관의 면모(institutional profile), 즉 한 기업의 이미지(corporate image)가 어떤 위치에 있는지 알기 위한 것이다.[43]

요컨대 이미지 조사는 기업이 얼마나 잘 알려져 있는지의 평판을 조사하는 것이다. 그 내용은 제품, 서비스, 가격, 광고, 직원 및 관행에 대해 공중이 어떻게 생각하는지를 모두 포함한다. 따라서 기업 이미지 조사는 회사의 정책을 평가하게 하며 잘못된 공중의 생각을 시정하게 하며, 광고 또는 PR 메시지의 소구방향을 밝혀 주어 결국 공중의 마음속에 기업 이미지를 향상시켜 주게 되는 바탕이 되는 것이다.[44]

### (2) 기업 이미지의 특성

기업 이미지는 사람들이 기업에 관하여 갖는 총체적인 인상으로서, 이는

---

41) 최종수, *매스커뮤니케이션 이론*, 전예원, 1984, p.137.
42) Boulding, Kenneth E., op.cit., pp.6-7.
43) 김정기, *새PR원론*, 탐구당, 1981, p.134.
44) 김정기, 상게서, p.137.

곧 조직의 특성(personality)이라고 할 수 있으며, 이러한 기업 이미지는 결과적으로 기업에 대한 사람들의 긍정적, 부정적 태도로 나타낸다. 이러한 기업 이미지를 가지고 있는 주체는 기업 자신이 아니라 일반 대중이며, 기업이 만들어 내는 창조물이라기보다는 기업의 행동에 대한 사람들의 반응이고, 기업이미지의 형성 및 발전에는 인간의 모든 감각이 이용되며, 이것으로 얻어지는 인상은 논리적이라기보다는 감정적인 측면이 강하고 어느 누구도 그것을 완전하게 통제할 수 없다는 특징을 가지고 있다고 설명될 수 있다.[45] 그리고 이러한 특징을 가진 기업 이미지는 기업에 대한 실태나 지위 등의 기업정보를 중심으로 형성되게 된다.

기업 이미지는 기업실체(corporate identity)와 구별되는 개념으로서, 기업실체는 기업이 주체적이고 능동적으로 창조하여 대중들에게 전달하는 기업상인 데 반해, 기업 이미지는 대중이 기업정보에 접촉한 결과로서 마음 속에 형성되는 기업상이다. 따라서 기업실체는 단일하지만 기업 이미지는 이미지를 형성하는 개개인에 따라서 서로 다르게 형성될 수 있다. 또한 기업 이미지는 제품 이미지나 상표 이미지와 구별되는 개념으로 사용되지만 생성과정에 있어서는 서로 상호작용을 거쳐서 이루어진다.

이렇게 볼 때, 기업 이미지는 개인의 이미지 영역 중에서 특히 매스미디어에 의해 전달되는 기업 실체의 정립에 관심을 두는 것이다.

따라서 기업 이미지란 기업의 인적·물적인 모든 구성요소를 포괄하는 총체적 커뮤니케이션에 의해 영향을 받고 있으므로, 기업은 소비자에게 전달되는 모든 정보를 통합하여 적합한 기업 이미지를 형성하도록 관리할 필요가 있다.

지금까지 살펴 본 바와 같이 전체 공중(publics)들 중 많은 사람들에 의해서 공유되는 기업 이미지는 다음과 같은 특성을 갖고 있으며, 이미지 전략에 따른 이미지 형성은 이러한 특성에 맞게 구상되어야 할 것이다.[46]

---

45) 이학식·안광호·하영원 공저, 전게서, p.471.
46) Boorstin, D.J., *The Image-A Guide to Pseudo-Events in America*, Atheneum: New York, 1961. p.56.

① 이미지는 종합적(synthetic)이다.

기업 이미지는 기업 목적을 위해 계획되고 특별한 인상을 심기 위해 만들어진다. 또한 기업 이미지는 기업이 내세우는 등록상표(trademark)나 슬로건 같은 단순히 의도적이고 외형적인 것만이 아니라 경영자 개인, 관습, 제품, 서비스 등 전반적인 것에 대한 종합적인 인식이다.

② 이미지는 신뢰할 수 있다.

신뢰할 수 없는 이미지라면 그것은 기업의 목적에 전혀 부합할 수 없는 것이다. 대다수의 인식에 공통성을 가지는 이미지는 믿을 만하다고 볼 수 있는 것이다.

③ 이미지는 수동적이다.

이미지는 이미 기업실체를 반영하는 것으로 가정하므로 이미지의 창출자 즉, 잠재고객은 이미지를 무시하지 않고 기존 이미지에 적응하려는 행동을 하는 경향이 있으므로 수동적이다.

④ 이미지는 단순하다.

일반 대중에게 인식되는 기업 이미지는 일차적으로는 각 기업에 대해 한 마디로 뭐라고 할 수 있을 정도로 단순하다 할 수 있다. 또한 기업의 입장에서도 효율적인 이미지 전략을 위해서는 이미지의 단순성을 살릴 수 있는 간략하면서도 뚜렷한 이미지 부각에 힘쓸 필요가 있다.

⑤ 이미지는 애매모호하다.

이것은 전략적인 면에서 특히 중요시되어야 할 특성인데, 장래의 예측치 못한 변화나 목표시장이 아닌 다른 사람들의 요구에도 어느 정도 적응할 수 있는 이미지의 특성을 의미한다. 즉, 이미지는 상상과 감정, 기대와 실제 사이의 어딘가에 중간적 위치에 떠있는 애매모호성을 지닌다.


## 2. 기업 이미지의 역할과 중요성

제품 간의 경쟁이 치열해지고 제품수명주기가 단축됨에 따라 기업 이미지에 대한 기업의 관심과 관리의 중요성이 날로 증대되고 있는데, 이와 같이 기업 이미지의 가치가 중요해지는 데는 기업 이미지가 다음과 같은 역할을 하기 때문이다.[47]

① 기업 이미지는 소비자가 상품을 구입할 때 구매의사결정에 영향을 미치는 사전판매의 역할을 함으로써 판매촉진에 기여한다.
② 제품수명주기의 단축으로 말미암아 각각의 제품 및 상표 모두에 대해 이미지 형성을 꾀하기가 어렵게 됨에 따라 소비자들 사이에 호의적인 기업 이미지를 형성함으로써 상표의 통합화 기능을 발휘하여 새로운 판매촉진 효과를 기대할 수 있다.
③ 자금조달 및 인재확보를 하는 데 있어서 기업의 신뢰성, 안정성, 발전성 등이 중요한 고려사항으로 인식되고 있는데, 이러한 요소들이 기업 이미지의 구성 요소에 포함된다는 점이다.
④ 호의적으로 형성된 기업 이미지는 기업에 대한 대중의 여론을 긍정적으로 조성하는 데 많은 영향을 미치게 되어 기업의 여러 제반활동에 있어서 적극적인 사회적 지지를 획득할 수 있게 한다.

이와 같이 중요한 역할을 담당하는 기업 이미지를 변화하고 향상시키기 위한 방법으로서 기업들은 최근 기업광고라는 새로운 형태의 커뮤니케이션 수단을 많이 사용하고 있다.

그런데 지금까지 기업경영의 실천면에서나 마케팅 연구에 있어서 기업 이미지는 그다지 중요하게 생각하지 않았었다. 그러나 경제가 더욱 발전함에 따라 기업성장의 양적인 측면 이외에도 질적인 측면에서 그 위치를 정확히 파악하고 사회적으로 신뢰받는 기업으로서의 자세를 확고히 할 필요가 있게 되었다. 이런 관점에서 기업 이미지는 오늘날 조직의 개방체계적 관점에서 경영의 효율성을 결정하는 데 매우 중요한 비중을 차지한다. 왜

---

47) Webster Jr., Frederick E., *Marketing Communication: Modern Promotional Strategy,* John Wiely & Sons, Inc. New York, 1971, pp.605-607.

냐하면 기업이란 경영과 환경이라는 큰 맥락에서 볼 때, 부단히 내·외적
인 상호작용을 하면서 생존, 발전하기 때문이다.

　기업의 각각의 환경집단들이 기업과 그의 전략에 대해 지니는 이미지는
그 기업에 대한 태도를 억제하거나 지지하는 집단의 의지에 분명히 영향을
미칠 것이다. 그러므로 기업의 전략을 효과적으로 실행하기 위해서는 기업
은 환경집단들에게 정확히, 그리고 호의적인 방향으로 인지되어야 한다.[48]

　기업의 목적을 효율적으로 달성하기 위해서는 기업과 환경 사이에 호의
적인 관계를 형성하는 것이 중요하고, 따라서 이러한 관계의 실상이 어떠
하며 또 그 관계를 호의적인 것으로 개선하기 위해서는 어떤 방안을 강구
해야 할 것이냐 하는 문제의 해결을 위해 기업 이미지의 중요성은 부각될
수밖에 없다.[49]


## 3. 기업 이미지의 형성과정

　이미지란 개인이 특정대상에 대해 갖는 신념이나 인식을 뜻하는 것으로,
기업 이미지는 기업의 실태나 지위 등의 기업 정보에 대한 공중의 학습결
과로 형성된다.

---

48) Gray, R. Edmund & Larry R. Smelzer, "Corporate Image-An Integral
　　Part of Strategy", *Sloan Management Review*, Summer 1985, pp.73-78.
49) 신유근, *한국 기업의 특성과 과제*, 서울대학교 출판부, 1984, pp.221-222.

## [그림 3-1] 기업 이미지 형성과정

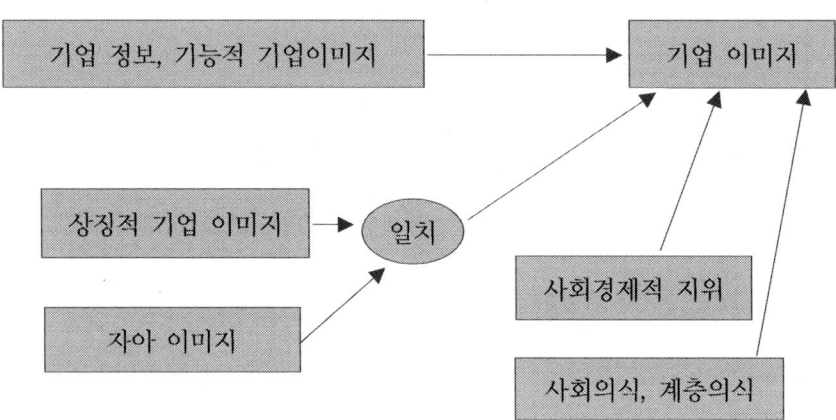

자료: 김행완, "기업 이미지에 형성요인과 변화에 관한 연구", 북악경영연구3, 국민대학
교, 1997. 12, p.316.

이런 기업 이미지 형성과정은 [그림 3-1]에서 보는 바와 같이 기업의 정
보와 기업으로부터 형성되는 이미지와 소비자 개인적 요인이 복합적으로
상호작용하여 형성된다.[50)]

(1) 기업이 알리고자 하는 정보와 기업 기능적 이미지

기업이 알리고자 하는 기업 정보에는 주로 기업이 내·외부의 대중에게
알리고자 하는 기업의 실태나 지위 등에 대한 정보로 구성이 되는데, 여기
에는 기업의 전통성, 경영자의 자질, 조직의 특성, 경영이념, 객관적 성과,
미래에 대한 비전, 사회에 대한 봉사 등의 정보가 포함된다. 이런 기업 정
보가 종합적으로 일반적 기업 이미지를 형성하게 된다.

---

50) 김행완, "기업 이미지에 형성요인과 변화에 관한 연구", 북악경영연구3, 국
민대학교, 1997. 12, pp.314-316.

## (2) 상징적 기업 이미지와 자아 이미지

사회대중들에게 전달되는 정보는 기업의 입장에서 그 내용과 정도가 결정되고,. 여기에는 社名, 상표, 社章 등의 기업의 기본 요소, 인적요소, 건물·환경요소, 상품관련요소, 업무관련요소, 광고관련요소 등이 포함되며, 자아 이미지는 이상적 혹은 현실적 자신에 대한 지각 이미지로서 이미지 형성 요인에서 갖게 되는 긍정적, 부정적 의식 형성에 중요한 요소이다.

## (3) 사회경제적 지위와 계층 의식

기업 이미지를 형성함에 있어서는 기업 측의 요인뿐만 아니라, 사회적인 의식도 중요 요인으로 작용하게 되는데, 개인의 사회경제적 지위와 사회계층 속에서 특정 사회계층이 갖고 있는 사회의식 또는 계층의식으로서 그 집단의 공유 이미지라 할 수 있다.

기업 이미지는 기업과 소비자, 사회 속에서 상호 교환, 통합된 커뮤니케이션 과정을 통해 형성되며, 기업과 자아 이미지가 일치될 때 우호적인 기업 이미지를 형성하게 된다. 또한, 사회의식과 계층의식 속에서 기업 이미지가 형성되고 전달되며, 이 과정에서 기업 이미지가 변화될 수 있다.

# 제2절  기업 이미지 관리

## 1. 기업 이미지 관리의 목적과 필요성

### (1) 기업 이미지 관리의 목적

현대 사회에서의 기업에 대한 여러 가지 비판과 기업을 둘러싼 환경의 기업에 대한 여러 가지 요구는 기업에게 올바른 기업 이미지의 확립을 요청하고 있다. 따라서 기업은 기업 자신이 행동과 경영이념의 통일성, 일관성을 자각하고 인정하여야 하며, 기업이 행하는 모든 행동을 일반대중에게 좋은 이미지로 전달해야 하는 이미지 관리의 과제를 가지게 된다.[51]

기업의 이미지 관리의 목적은 기업 내의 모든 사정, 즉 기업의 실체를 더 높은 차원으로 올리는 데 있다. 그러기 위해서는 가장 합리적이고 이상적인 기업 이미지를 기업 내·외 집단과의 의사소통을 통해 정해 놓아야 하고, 이렇게 설정된 기업 이미지에 기업실체를 접근시키기 위한 노력을 기울여야 하며, 노력의 결과에 대한 변화를 계속 추구하며 기업의 실체를 정보화시키는 계속적 평가시스템이 요청된다.[52]

이러한 기업이미지 관리는 PR의 범위를 초월한 과업으로서 치열한 기업경쟁, 급격한 기업구조의 발달, 기업환경의 변화에 대처해 나가는 종합적 전략적 성격을 가지는 것이다.[53]

### (2) 기업 이미지 관리의 필요성

현대 기업의 활동은 경제단위로만이 아니라 사회단위로서의 역할도 수행하는 것이므로, 이는 다수의 집단이 여러 갈래로 얽혀있는 이해관계에 둘러싸여 존재하고 있어 일반적으로 기업의 최고 관심사는 고객을 중심으로 하고 있지만, 그 이외의 여러 집단을 만족시켜야 하는 의무가 있다. 그 집단들은 투자자인 주주 및 금융기관, 종업원, 정부기관, 언론기관 및 거래업자 등을 들 수 있다. 이런 여러 이해집단에 속한 사람들이 직접 기업을 통하여 혹은 광고매체를 접할 때 그 기업에 대한 느낌을 갖게 되며 이것이 기업의 이미지가 된다.

기업의 이미지는 장기적으로 볼 때 기업의 존폐와 어떤 관계가 있는가

51) 윤병규, "기업이미지 제고를 위한 방법론적 접근" *단국대학교 논문집*, 제21집,1987, p.413.
52) Gray, James G., Jr., *Managing the Corporate Image*, Quorun Books, 1986, p.7.
53) 반병길, *마케팅 관리론*, 박영사, 1999, p.722.

하는 것과 함께 기업 이미지 관리의 필요성에 대한 문제가 제기될 수 있으며 이런 문제들은 다음과 같은 4가지를 통하여 살펴볼 수 있다.[54]

첫째, 많은 기업들이 그들의 이미지에 관심을 보이고 있으며 좋은 기업 이미지는 일반대중의 태도와 행동에 커다란 영향을 주기 때문이다. 즉, 신제품을 도입하는 경우 좋은 기업의 이미지를 바탕으로 마케팅 활동을 하여 보다 성공할 확률을 높일 수 있다는 것이다. 또한 비슷한 업종에 종사하거나 같은 업종의 제품을 판매하는 업체 간의 경쟁상황에서 기업의 이미지는 경쟁제품과 차별화 하는 데 큰 도움을 줄 수 있다.

둘째, 대부분의 사람들이 기업과 직접적인 접촉경험이 없는 경우, 그들의 기업에 대한 인지도와 평가는 종업원의 태도, 아프터 서비스, 광고, 가격, 품질, 포장, 유통 등과 같은 기업의 단순한 정보들에 의하여 결정된다. 따라서 기업에 대한 편견이나 선입견이 형성될 가능성이 매우 높으며, 이러한 기업에 대한 느낌이 기업 활동에 차질을 가져올 경우 이에 대한 방안으로 기업 이미지의 관리가 필요하게 된다.

셋째, 기업의 사회적 책임이 단기적 또는 장기적인 기업경영에 있어서 점점 중요한 요인으로 생각하는 것이 점점 증가한다는 것이다. 인플레이션, 실업, 불확실한 경제성장 등과 같은 환경에서는 공적인 복리가 명확한 인식의 대상이 된다. 개인기업이 소비자들에 의해서 어떻게 인지되고 있는가를 아는 것은 이러한 기업들에 의해 수행된 마케팅 개념을 평가할 수 있는 하나의 방법이 될 수 있다.

넷째, 기업 이미지의 촉진은 Kotler가 주장하는 메가 마케팅(megamarketing) 개념을 보완한다고 볼 수 있다.[55] 이 개념에 의하면 기업은 마케팅환경을 전략수립과정에서 통제불가능한 변수로 생각하기보다는 통제가능한 변수로 간구하여야 한다고 주장하고 있다. Kotler는 전통적인 4P's(product, price, place,

---

54) Dowling, G. R., "Managing Your Corporate Image", *Industrial Marketing Management,* 1986, pp.109-115.
55) Kotler, Philip, "Rethink the Marketing Concept", *Marketing News,* Vol. 1, 1984. p.87.

promotion)를 확장하여 정치적 세력(political power)과 여론(public opinion) 형성을 포함시킨 6P's로 생각하고 있다. 정부관료나 특정 이해집단 혹은 뉴스 매체들의 기업의 이미지에 대한 긍정적이고 호의적인 태도의 조성은 기업환경의 여러 변수를 통제, 관리하는 효율적인 방법 중의 하나로 볼 수 있다. 이러한 사람들이 지각하고 있는 기업의 업종이나 조직 그리고 제품에 대한 이미지는 그들이 일반적으로 갖고 있는 업종에 대한 그들의 신념이나 태도를 근거로 가장 잘 파악할 수 있다. 따라서 기업 이미지 향상을 위한 기업광고의 목표는 태도 이론이나 효과계층모델(hierarchy of effects model)에 비추어 볼 때, 한 기업에 대한 인지도와 이해를 높이는 것이 주된 역할이 될 것이다. 즉, 기업이나 제품 그리고 종업원에 대한 사람들의 태도의 변화는 행동의 변화를 유발시킬 것이고 이러한 변화는 곧 매출액의 증가와 연결될 수 있다.

또한, 기업의 이해관계자 집단과 관련하여 기업 이미지 관리의 필요성을 살펴보면 다음과 같다. 한 기업이 그 활동을 하는 데 있어 접촉하는 관련 집단은 대체로 다음과 같이 구성되어 있다. 이를 기업 이미지와 연관시켜 살펴본다.56)

① 소비자 사회: 기업의 이윤추구를 보장해 주는 가장 큰 집단이지만 이윤추구의 실제적 방법인 제품·서비스 판매에 있어 기업은 자신이 정당하다는 이미지를 항상 보증해야 하며 그렇지 못한 회사는 경영에 실패할 수밖에 없다.

② 주주 사회: 기업에 충분한 자본을 공급하는 집단으로서 기업의 경영과 수익에 있어 희망적이고 신뢰적인 이미지가 없다면 아무도 투자하려 하지 않을 것이다.

③ 금융계 사회: 일상적 경영이나 성장을 위해 기업이 의존하는 집단으로 기업 이미지가 좋지 않다면 은행, 보험회사, 기타 금융업자 등으로부터 외면을 당할 것이다.

④ 종업원 사회: 기업의 업무에 종사하는 집단으로 번영성, 장래성 등의

---

56) 박재진, "Corporate Image란 무엇인가", *디자인포장*, 1975, pp.73-74.

호의적 기업 이미지가 없을 때 기업에 대한 열정을 기대하기 어려울 것이며, 동시에 내부의 이미지가 외부에 반영되어 미래의 종업원 구직에 곤란을 겪게 될 것이다.

⑤ 조합 지도자: 기업의 종업원을 대표하는 집단으로 공명정대하다는 기업 이미지가 결여될 때 끊임없는 노사문제에 따라 기업의 기능이 감퇴하게 될 것이다.

⑥ 거래업자 사회: 기업제품의 판매를 통해 기업의 성장을 돕는 집단으로 거래업자에게 이윤이 풍부하고 확실하며 장래성이 있다고 믿게 하는 것은 매우 중요한 일이다.

⑦ 경쟁업자 사회: 기업 이미지 관리상 과거에는 중요하지 않게 여겨진 집단이었으나 오늘날에 아주 중요한 고차원적 경영전략을 실현할 수 있는 대상으로 강력한 기업 이미지를 통해 경쟁상대를 싸우지 않고 항복시킬 수 있다.

⑧ 납품업자 사회: 기업에 필요한 물품을 제공하는 집단으로서 기업 이미지 여하에 따라 유리한 계약체결의 가능성이 있다.

⑨ 지역 사회: 기업의 중요시설이 입지하는 곳의 주민사회로서 이들에게 호의적 기업 이미지를 인식시켜 회사경영상 필요한 여러 가지 보증을 확보할 수 있다.

⑩ 관공서 사회: 정부사업의 계약, 과세 등을 관장하는 집단으로 이들의 기업에 대한 태도는 근본적으로 기업 이미지에 의해 판단되는 것이 보통이다.

⑪ 대중매체 사회: 기업 이미지를 전달하는 이들을 통해 전달되는 내용은 사회에 민감한 영향을 끼치고 여기서 얻어지는 신뢰와 평가 또한 대단한 영향력을 갖는다.

이상에서 각 사회집단별로 때로는 이해가 상반되는 기업 이미지가 형성될 수 있음을 보았다. 기업이 하나의 이미지를 형성한다는 것은 하나의 의지를 표시하는 것과 같으므로 반대 입장으로부터 반발을 예상해야 한다.

요컨대 모든 사회집단에 동시에 똑같은 만족을 주는 이미지는 없다는 것이다. 따라서 가장 중요한 것은 다양한 사회에서 성공할 수 있는 기업이미지를 구축하고 이를 기업 전체적 관점에서 효과적으로 관리하는 것이다.


## 2. 기업 이미지의 구성요소와 결정요인

사물에 대한 이미지가 개개인에 따라 모두 다르듯이 기업에 대한 이미지도 사람들에 따라 모두 다르며, 따라서 기업 이미지의 구성요소에 대한 견해도 일치된 모습을 보이지 않고 있다.

먼저 Winters는 그의 연구에서 기업 이미지를 형성하는 여러 가지 구성요소를 세 가지로 분류하고 있다.[57]

① 기업행동 이미지: 좋은 품질과 서비스를 제공, 적정가격의 책정, 고품질의 제품생산 등의 마케팅 이미지를 형성한다.
② 사회적 행동 이미지: 환경오염에 대한 관심, 공공 이익에 대한 관심, 공정한 세금 납부, 공중에 대한 관심 등의 사회적 이미지를 형성한다.
③ 기업공헌 이미지: 문화/예술 등에 대한 지원, 보건/교육/사회복지에 대한 지원 등의 물질적 지원을 의미한다.

또 Ferber는 이미지 구성요소를 제품(높은 품질수준), 기업선도성(기업의 성장 및 확대속도), 고객관계(고객불만의 공정하고 신속한 처리), 윤리(보증과 약속의 성실한 이행), 사회적 책임(양호한 지역사회관계의 지속), 종업원관계(일하고 싶은 좋은 기업), 기타(주식을 보유하고 싶은 우량기업의 하나), 부정적 항목(고가격 또는 대기 및 수질오염 등)의 8가지로 분류

---

57) Winters, Lewis. C., "The Effects of Brand Advertising on Company Image: Implications for Corporate Advertising", *Journal of Advertising Research*, Vol. 26(Apr/May), 1986, pp.55-56.

하였다.[58]

일본 학자 入卷俊雄은 기업 이미지를 다음과 같이 구성하고 있다.[59]

① 제품적 요소: 제품의 품질, 포장, 가격, 명성
② 기술적 요소: 기술력, 연구, 개발력, 신제품 개발활동
③ 마케팅적 요소: 소비자문제에 대한 성실성, 고객에 대한 서비스, 광고, 홍보활동, 판매망의 확충
④ 장래적 요소: 기업의 장래성, 진취성, 환경 적응성, 선도성
⑤ 사풍적 성격: 사풍, 기업의 청렴성, 친숙성, 근무 분위기 및 후생복지
⑥ 경영적 요소: 경영자의 우수성, 경영조직의 체계성
⑦ 신뢰적 요소: 신뢰성, 안정성, 역사와 전통, 기업의 규모
⑧ 국가, 사회적 요소: 국가, 사회의 공헌도, 사회봉사 활동, 공해방지 노력 등으로 나눌 수 있다.

이를 다시 4가지 차원으로 분류하면 다음과 같다.

① 제품 및 서비스 차원: 상품의 품질 및 성능, 소비자에 대한 관심 및 서비스
② 기업의 사회성 차원: 사회활동 및 봉사, 문화/예술/학술후원, 기업 활동의 정당성, 환경오염 방지노력
③ 경제활동 차원: 광고/PR, 연구/기술수준, 중공업 발전에의 기여
④ 전통 및 발전성 차원: 역사와 전통, 장래성, 경영능력, 철학, 노사관계

또한, 일본 경제 신문사는 22개의 이미지 항목을 중심으로 1968년부터 기업 이미지 조사를 실시하고 있는데, 이 조사에서는 기술 이미지(기술수준, 연구개발력, 신제품 개발에 대한 노력 정도), 마케팅 이미지(고객서비

58) 김대열, "기업광고에서 모델의 속성이 기업 이미지에 미치는 효과", 홍익대학교 대학원 석사학위논문, 1994, p.6.
59) 入奈俊雄, 企業 *Image* 戰略, 東京, 産能大出版部, 1984, pp.68-69.

스, 소비자문제에 대한 관심, 광고활동, 판매망, 해외경쟁력), 장래성 이미
지(장래성, 시대감각), 사풍 이미지(깨끗한 느낌, 근대적인 사풍, 친밀감),
聲價이미지(신뢰성, 안정성, 전통성, 기업규모), 경영자 이미지(경영자의 경
영능력), 종합 이미지(일류기업, 주식구매의도, 취업의도)와 같이 7개의 하
위 이미지 측면들이 기업 이미지의 구성요소인 것으로 나타났다.[60]

한편 한국의 7대 기업을 대상으로 연구를 실시했던 이심훈은 요인분석을
통해 기업 이미지의 구성요소를 기업의 성장발전 가능성(기업 성장 가능
성, 주력업종, 국제화 달성 정도), 기업 내 인간관계측면(종업원들 간의 화
합도, 부서 간의 화합도, 상하 간의 인간관계), 보상관계(급여, 의료보험 및
산재보험, 자녀에 대한 장학금 지급), 기업의 신뢰성(하청기업과의 신용거
래, 공정거래실시 여부), 안정성(정년, 해고나 감원관계), 대외관계측면(친
근감, 홍보활동의 정도, 회사 인지도 및 지명도), 기업 내에서의 개인적 성
장 가능성(승진기회, 해외파견근무 가능성), 국가 사회적 공헌도(사회봉사
활동, 소비자 보호 운동, 지역 사회에의 기여도), 여사원에 대한 처우관계
(여사원의 지위 및 참여도, 결혼 후 대우 문제), 온정적 측면(가족과의 친
밀감, 사내여가활동 및 서클활동)의 10가지로 구분했다.[61]

이석원은 기업 이미지 요소를 기업의 내부적 안정요소(청결, 사내분위기,
복지 및 후생시설, 경영정책, 승진기회, 급료, 해고, 감원, 차별대우, 종업원
의 직무만족), 기업혁신요소(기술수준, 첨단산업에의 진출, 전산화 정도,
A/S, 경영진의 우수성, 국제적 활동력), 사회적 신뢰요소(공정거래실시, 소
비자에 대한 태도, 노사관계, 공해방지노력), 기업성장요소(매출액, 당기순
이익, 재무구조 안정, 재투자 정도), 연역 및 투자요소(역사와 전통, 주요
업종, 해외연구, 주가변동추이, 배당금), 대외적 인식요소(회사에 대한 인
식, 광고 및 선전, 매스컴에서의 홍보, 친근감), 국가 및 사회에 대한 공헌
도와 같이 7개로 구분했다.[62]

---

60) 日本經濟新聞 企業調査部, 企業イメッ、東京:日本經濟新聞社, 1977, p.51.
61) 이심훈, "서울지역 대학생의 7대 기업 이미지에 대한 실증적 연구", 고려대
　　학교 석사학위논문, 1987, p.33.
62) 이석원, "기업 이미지와 구매행동에 관한 실증적 연구", 고려대학교 석사학

가전업체를 대상으로 한 유창호의 연구에서는 기업혁신요소(첨단산업에의 관여, 경영진의 우수성, 애프터서비스), 사회적 신뢰요소(소비자에 대한 태도, 노사관계, 기업의 역사와 전통), 기업의 성장요소(재무구조 안정, 단기순이익, 최고경영자의 경영철학), 대외적 인식요소(광고 및 선전에 의한 홍보, 친근반, 사회일반의 회사에 대한 인식)와 같이 4가지로 기업 이미지의 구성요소를 구분했다.[63]

또 이호배는 기업 이미지와 관련된 20개 항목에 대해 요인 분석을 한 결과 기업 이미지를 제품요인, 사회적 책임요인, 커뮤니케이션요인, 조직요인으로 파악하였다.[64]

① 제품요인: 기술, 품직, 신제품, 첨단기술, 장래성, 성장성, 진취성
② 사회적 책임요인: 환경보호, 사회공헌, 고객만족경영, 인간존중
③ 커뮤니케이션 요인: 친밀감, 광고, 신뢰감
④ 조직요인: 노사관계, 안정감, 전통성

Kotler는 기업 이미지 형성이론을 크게 다음의 두 가지로 제시하고 있다.

① 대상-결정이론(object-determined theory)
이 이론은 세 가지 가정이 있다. 첫째, 사람들은 대상에 대한 직접적인 경험을 가지고 있으며, 둘째, 사람들은 대상으로부터 신뢰성 있는 감각정보를 얻고 있으며, 셋째, 사람들은 각기 상이한 배경과 개성을 지니고 있음에도 불구하고 대상에서 모집한 감각정보를 유사한 방법으로 처리하려는 경향이 있다는 점을 들고 있다. 즉, 기업 이미지는 객관적 실체에 근거해서만 형성될 수 있으며, 이미지 변경을 위해서는 기업의 실제행동과 객관적 요인을 변경해야 한다는 이론이다.

---

위논문, 1990, p.34.
63) 유창호, "기업 이미지와 제품선호에 관한 연구," 경북대학교 경영대학원 석사학위논문, 1992, p.64.
64) 이호배, *효과적인 기업PR 광고를 위한 연구*, 금강기획, 1994, p.138.

② 인적-결정이론(person-determined theory)

이 이론은 첫째, 사람들은 대상과의 접촉빈도가 각각 다르며, 둘째, 대상을 대면한 사람들도 대상의 각기 다른 측면을 선택적으로 인식하고, 셋째, 사람들은 감각정보형성의 개별적 방식을 갖는다는 가정을 내세운다. 그러므로 기업 이미지는 이미지 인식주체의 주관적 특성에 의해 크게 영향을 받으므로 대상의 객관적 실체와 기업 이미지 간에는 상관관계가 약하다는 이론이다. 그러므로 이와 같은 요인에 의해 형성된 기업 이미지는 마케팅 커뮤니케이션의 메시지 작성의 윤곽을 제공하며, 같은 메시지 해석의 근간을 이루기 때문에 마케팅 커뮤니케이션 활동의 핵심 분야가 된다.[65] 일반적으로 기업 이미지 형성은 위의 이론 중 어느 한 가지를 따르는 것이 아니라 복합적인 작용에 의해 형성된다고 볼 수 있다. 그러므로 기업 이미지의 결정요인은 객관적 실체와 인식주체의 주관적 특성을 다 반영하게 된다.

Webster는 주관적인 측면을 강조하는 기업 이미지의 형성이론을 주장했는데 즉, 기업과 연관되는 대상, 사람, 행위, 정보 등 객관적 실체 등은 기업에 대한 인식이나 이미지에 확실하게 또는 잠재적으로 영향을 끼치지만, 결국 이미지는 사실 그 자체를 기초로 형성되는 것이 아니고 다양한 원천에서 얻은 기업의 사실들에 대한 주관적인 평가와 감정으로 형성된다고 하였다. Webster는 기업의 이미지 형성에의 영향요인으로서 다음과 같은 것을 들고 있다.[66]

① 기업광고-광고매체와 문안, 광고모델 등을 포함.
② 기업의 관리층의 공식적인 언행
③ 관련업자나 판매업자들에 대한 평판이나 그들의 광고
④ 그 회사제품의 사용자들의 평판
⑤ 그 회사제품에 대한 실제경험

---

65) Koter, Philip, *Marketing for Nonprofit Organizations*, Prentice-Hall, Inc., 1982, pp.137-141.
66) Webster, Jr. Frederick E., op.cit., pp.606-607.

⑥ 회사의 대표적 상표의 유명도와 상표와 회사명과의 연관 지각도

⑦ 공급업자와의 관계

⑧ 종업원들과의 친숙도

한편으로는 기업의 실체(identity) 확립 차원에서 이미지 전략을 모색할 때, [그림3-2]에 나타난 바와 같이 이미지 형성요인으로서 인적요소(기업 구성원＋상품, 제품), 시스템 요소(불만 처리, 배송, 지불 등의 시스템), 외적요소(audio-visual item) 등으로 분류되기도 한다.

국가의 경제에 있어서 큰 비중을 차지하는 대기업들은 얼마나 사회적 책임감을 지니고 있고, 사업행위를 어느 정도 사회전체에 이익이 되는 방향으로 행하고 있는가에 따라 기업의 이미지가 크게 좌우되는 경향이 있다.

Nolan은 이런 점을 강조하여 기업 이미지의 개선은 사회적, 정치적 성향 측면의 기업인지도와 성과측면의 개선을 통하여 부각시키는 데서 나타나며, 사회적, 정치적 측면의 본질적인 사업활동의 결과가 기업 이미지 형성요인 중의 중요한 부분을 차지한다고 하였다. 그러므로 기업 이미지를 단지 커뮤니케이션 차원에서만 인식해서는 안 되고 기업의 전체적인 행위와 영업활동의 결과 측면에서 고려해야 한다는 것이다.[67]

---

67) Nolan J., "Protect Your Public Image with Performance", *Harvard Business Review*, 1975, p.120.

[그림 3-2] 이미지의 형성요소

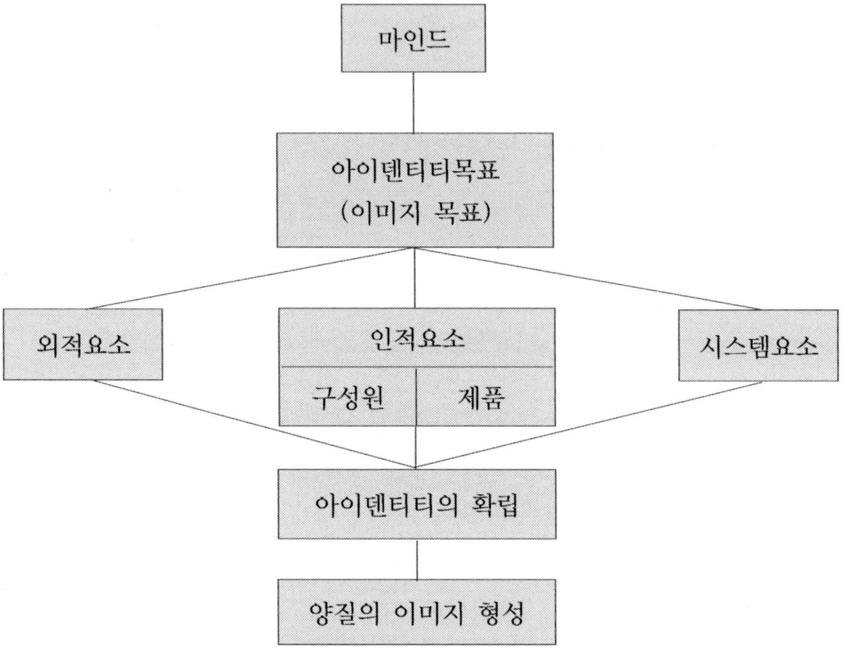

```
              ┌──────────────┐
              │    마인드     │
              └──────┬───────┘
                     │
         ┌───────────────────────┐
         │   아이덴티티목표        │
         │   (이미지 목표)         │
         └───────────────────────┘
         ╱           │            ╲
┌──────────┐  ┌──────────────┐  ┌──────────┐
│ 외적요소  │  │   인적요소    │  │ 시스템요소 │
│          │  ├──────┬───────┤  │          │
└──────────┘  │ 구성원 │ 제품  │  └──────────┘
              └──────┴───────┘
         ╲           │            ╱
         ┌───────────────────────┐
         │   아이덴티티의 확립      │
         └───────────┬───────────┘
                     │
         ┌───────────────────────┐
         │   양질의 이미지 형성     │
         └───────────────────────┘
```

자료: *한국기업의 이미지 전략―CI도입의 이론과 실제*, 한국능률협회, 1988, p.239.

## 3. 기업 이미지의 측정체계

기업 이미지를 향상시키기 위해서는 현재의 기업의 이미지를 형가하고, 자사의 이미지 향상을 위한 마케팅 계획을 세워야 한다.

[그림 3-3] 기업 이미지와 이미지 구성 속성의 중요도와의 관계

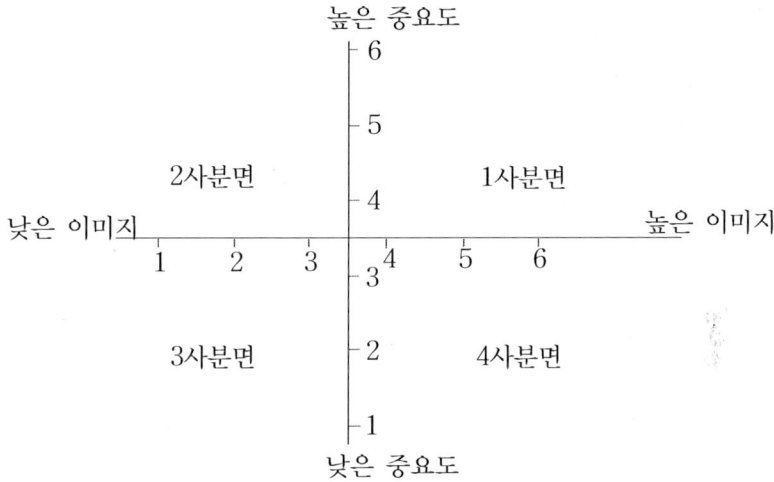

자료: Howard Barich &, Kotler Philip, "A Framework for Marketing Image Management", *Sloan Management Review*(Winter, 1991), pp.100-102.

이를 측정하기 위한 방법이 [그림 3-3]에 나타나 있다.

[그림 3-3]은 기업의 이미지와 이미지 속성에 대한 공중의 인지된 중요도를 포함하고 있다. 1사분면에서 4사분면은 각각 이미지 관리에서 상이한 함축적 의미를 갖는다. 1사분면은 그 속성이 중요함을 의미하며 기업이 그 속성에 있어 높은 평가를 받고 있음을 의미한다. 이 경우 기업은 자사 기업 이미지의 높은 질을 유지하도록 해야 한다. 2사분면은 그 속성이 중요하게 인식되고 있으나 기업이 해당속성에서 높은 평가를 받고 있지 못함을 의미한다. 이 경우 신속하고 대폭적인 개선이 요구된다. 3사분면은 그 속성에 대한 중요도가 낮고 기업이 그 속성에 있어 낮은 평가를 받고 있는 것을 의미한다. 4사분면은 속성의 중요도가 낮은 반면 기업이 해당 속성에 있어서 높은 평가를 받고 있음을 의미한다. 이 경우 기업은 이 속성에 대해 투자하는 자원을 중요도가 보다 더 높은 속성으로 이전하는 문제를 심각하게 고려할 필요가 있다.

기업은 이러한 분석을 통하여 특정 속성에 대한 그 기업의 위치를 조정

하려는 계획을 개발하기에 앞서, 동일한 속성에 대한 경쟁기업의 분석은 각 기업의 주요 강점과 약점을 보여주며, 이를 통하여 각 속성에 대한 이미지 향상을 위한 마케팅 계획을 효과적으로 수립할 수 있다.[68]

이미지는 여러 가지 태도로 구성되어 있고, 태도는 대상과 관련된 소비자의 신념들과 그에 대한 평가로 형성된다. 이러한 태도와 신념의 관련된 정도를 알 수 있으면 기업 이미지의 형성과 유지 전략의 수립에 유용한 도구가 될 수 있다.

이를 전제로 기업 이미지 측정 체계를 다음과 같이 설정할 수 있다.

### [그림 3-4] 기업 이미지 측정체계

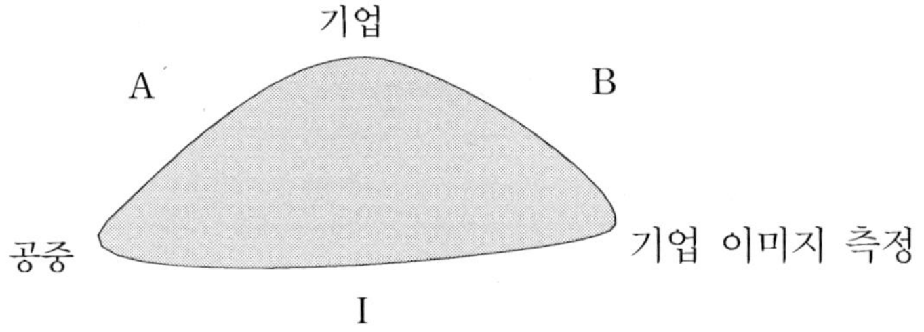

A: 기업에 대한 공중의 태도 (호의적/비호의적)
B: 기업 특성에 대한 공중의 신념
I: 기업에 대한 태도형성이나 변경에 미치는 각 기업 이미지 속성의 중요도

자료: Winters, Lewis C., "The Effects of Brand Advertising or Company Image: Implications for Corporate Advertising" *Journal of Advertising Research*, (Apr/May), 1986, p.55.

위의 측정체계에 의하면 기업 이미지를 형성하는 기업의 특성에 대한 공중의 신념(B)과 각각의 기업 이미지 속성들의 중요도(I)를 알 수 있으면 기업에 대한 전반적인 태도를 알 수 있다. 그는 기업 이미지를 형성하는 요소를 다음과 같이 세 가지로 분류하고 있다.[69]

---

68) Howard Barich &, Kotler Philip, "A Framework for Marketing Image Management", *Sloan Management Review,* (Winter, 1991), pp.100-102.

① 기업행동(Business Conduct) 요소: 좋은 서비스의 제공, 적정가격의 책정, 고급제품의 생산 등으로 기업의 마케팅 이미지를 형성한다.

② 사회적 행동(Social Conduct) 요소: 환경보호에 대한 관심, 공중이익에 대한 관심, 적정세금의 납부 등의 것으로 사회적 관행 이미지를 형성한다.

③ 기업공헌(Contribution) 요소: 문화·예술에의 투자, 보건·교육·사회적 복지 프로그램에 기부하는 것 등의 물질적 지원을 말한다.

Winters의 연구[70]에 의하면 기업의 전반적인 이미지형성에 미치는 가장 중요한 요소는 기업행동에 의한 마케팅 이미지였으며 기업에 대한 호의적 태도가 저조하거나 공중관계 문제가 큰 비중을 차지하는 경우에는 사회적 관행 이미지가 가장 중요한 요소로 나타났다.

## (1) 기업 이미지의 평가와 측정

이미지 평가에 있어서 첫 단계는 대중이 갖고 있는 현재의 이미지를 조사하는 것이다. [그림 3-5]는 이미지 평가에 있어서 두 가지의 방법을 제시하고 있다.

그림 (a)는 기업의 가시성(visibility)과 우호성(favorability)을 측정한 것으로 회사1은 가장 잘 알려져 있고 우호성도 높아 가장 높은 평판을 얻고 있어 가장 좋은 위치를 점유하고 있는 반면, 회사2는 평판은 좋으나 잘 알려지지 않아 가시성을 높일 필요가 있는 것이다. 회사3은 2의 위치로 갈 필요가 있으며, 회사4는 가장 나쁜 상태로 가시성과 우호성을 높여 2와 1 쪽으로 이동할 계획을 세워야 할 것이다.

---

69) Winters,Lewis C., op.cit., pp.55-56.
70) Winters, Lewis C., "Does It Pay to Advertise to Hostile Audiences with Corporate Advertising?", Journal of Advertising Research, Vol. 26(3), 1988, p.59.

## [그림 3-5] 이미지의 평가방법

(a) 가시성-우호성

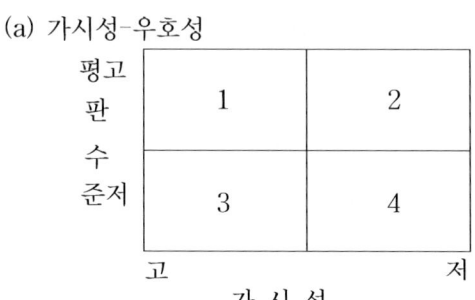

(b) 이미지 내용 측정

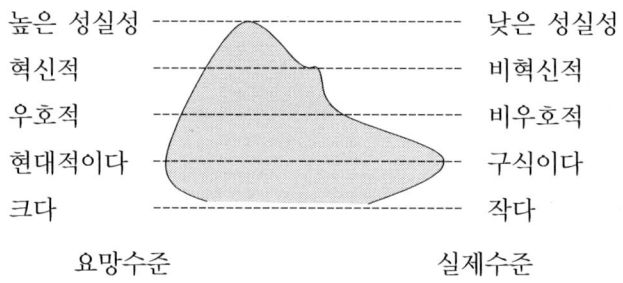

자료: Kotler, Philip. *Marketing Management*, 10th ed, 2000, p.571-572.

이러한 가시성-우호성의 측정으로 당해 기업의 위치를 확인하고, 필요한 전략을 세울 수 있다.

그리고, 상세한 이미지 내용의 측정을 위한 대표적인 방법으로 어의차이법(semantic differential)이 있다.[71] 어의차이법은 대상을 설명하는 속성들을 나타내는 양극의 형용사의 사이에 눈금이 있으며, 사람들이 한 대상에 대해 받은 인상에 따라 눈금에 표시를 하게 되어 있다.

따라서 마케팅 담당자들은 이 조사를 통해 자사의 이미지 현황을 알고, 이것을 토대로 새로운 전략을 세울 수 있을 것이다. [그림 3-5]의 (b)는 이러한 어의차이법을 이용하여 기업의 이미지 현황을 조사한 것을 구체적

---

71) Kotler, Philip. *Marketing Management*, 10th ed, 2000, p.571-572.

으로 예시한 것이다. 여기에서 그 측정결과는 실제수준으로 표시되어 있는데 이것은 기업이 요망하고 있는 수준과는 큰 차이가 있음을 보여 준다. 그러므로 이 경우에 있어서는 '성실성'에 대한 이미지를 제외한 나머지 4가지의 이미지를 기업의 요망수준까지 향상시키기 위한 마케팅 전략을 세우는 것이 필요하다.

## 4. 기업 이미지 관리의 단계

기업 이미지는 고유의 다양한 측면을 가지고 있으므로 어떤 특정한 한 요인에 의해 기업의 성격이나 이미지가 정해지는 경우는 극히 드물다. 그리고 기업과 상호작용하는 모든 집단이 항상 변치 않으며 또한 같은 의미의 기업 이미지를 변함없이 소유하는 경우도 거의 볼 수 없다. 따라서 기업의 이미지는 다양한 이미지의 속성이나 특성을 충분히 이해하여 관리하면 기업이 의도하는 이미지로 개선, 강조 혹은 창출할 수 있다.

기업 이미지 관리는 [그림 3-6]에서와 같이 다섯 단계로 나누어 수행할 수 있다.[72]

우선 첫 단계는 기업과 직접 혹은 간접적으로 특정한 문제에 이해관계를 가지고 있는 집단에 대한 사전조사가 이루어져야 한다. 즉, 그들이 가지고 있는 기업에 대한 일반적인 이미지조사가 이루어져야 하며, 조사결과를 바탕으로 목표집단을 설정할 수 있다. 기업이 이미지측정을 하는 경우 경쟁업체의 이미지 또한 측정이 필요하며, 경쟁적 환경에서 한 기업의 상대적 위치는 마케팅 전략을 수립하고 수행하는 기준이 될 수 있기 때문이다.

둘째 단계로, 기업 이미지의 목표설정을 기업이 가지고 있는 가치기준과 상황적 요인들을 바탕으로 하여 목표집단의 요구를 수렴하여 목표를 설정한다. 기업은 이 단계에서 구체적으로 이미지 개선을 통해 목표집단이 지각하기를 원하는 기업의 이미지를 결정하여야 한다.

---

72) Dowling, G. R., op.cit., pp.114-115.

원하는 기업 이미지는 예를 들어, 기업경영자의 능력을 강조하거나, 제품의 품질, 확고한 재무구조, 사회적인 책임감이 있는 기업, 현대적인 기업, 기술혁신의 선두주자, 연구와 개발에 투자하는 기업, 지역사회 발전에 기여하는 혹은 자선사업을 하는 기업 등을 생각할 수 있다. 기업 이미지의 목표는 대상으로 하는 이해관계집단의 성격에 따라 다양하게 설정될 수 있으나, 이미지의 일관성을 지켜 목표집단의 이미지형성에 혼란이 제거되어야 한다. 또한 이 단계에서 기업이 이미지 관리를 통해 기대하는 목표집단의 태도와 행동 변화가 구체적으로 분석, 확정되어야 한다.

[그림 3-6] 기업 이미지 관리의 단계

제1단계: 연구 조사 (Research)
  * 이미지의 차원결정
  * 목표집단결정
  * 경쟁업체의 이미지분석
제2단계: 기업 이미지 목표설정
          (corporate images objectives)
  * 가치관과 경영철학
  * 목표집단의 요구
제3단계: 새 이미지를 종업원에 전달
          (communicate new images to employees)
제4단계: 수행 (implementation)
  * 광고
  * 인적판매
  * 홍보
  * 제품수정
제5단계: 감 독 (audit)
  * 캠페인의 수행
  * 새 이미지

자료: Dowling, G. R., "Managing Your Corporate Images", *Industrial Marketing Management*, 1986, p.114.

셋째 단계인 기업 내의 전달체계의 수립은 기업 이미지 관리에 따른 문제의 중요성과 필요성을 직접 또는 간접적으로 참여하는 모든 조직구성원에게 알리고, 그들의 협조를 구하는 조직 내의 홍보활동과 함께 의사소통체계의 수립을 의미한다. 또한 기업의 이미지 관리와 관련된 조직의 여러 부서와 조직의 실무자들에게 관리운영지침을 전달하는 체계도 확보, 수립되어야 한다. 사내의 비디오 시스템이나 사보, 회보 그리고 세미나 등은 회사의 방침이나 전략 등을 전달하는 현상적인 방법이 될 수 있다. 새로운 기업의 이미지와 그에 따른 여러 정책을 기업의 전체 구성원이 이해하면 이러한 이미지를 일반대중을 상대로 전할 때 확신을 가지고 의도하는 이미지형성에 참여할 수 있다. 또한 실무자들의 의견과 앞의 단계에서 문제점들이 간과되어 그 결과가 제1단계로 피드백 될 수 있는 체계의 수립도 필요하게 된다.

넷째 단계는 기업 이미지 관리전략을 수행하는 데 필요한 수단과 방법들을 선정하여 목표집단에 적합한 방법을 결정하여 시행한다. 따라서 구체적인 결정들이 이루어진다. 기업 이미지의 개선은 제품, 유통, 가격 등의 기업이름의 변경, CIP(corporate identity program) 혹은 종업원의 고객에 대한 태도의 변화와 고객관리능력의 향상 등을 통해 이루어진다.

다섯째 단계는 기업 이미지 관리활동의 성과측정과 분석을 통한 결과평가가 이루어지는 단계이다. 이러한 이미지 관리활동의 사전과 사후 목표집단의 태도와 행동변화가 기대했던 결과와 비교하여 어떤 변화가 있었는가의 분석이 이루어져야 하며, 이 결과는 제1단계로 피드백 되어 그 후의 목표설정이나 전략수립에 반영된다.

## 제3절  기업 이미지 전략

기업 이미지는 기업의 사회적 책임에 대한 공중들의 요구에 대응하고 공중의 인식과 기업의 실질을 연관짓는 데 매우 중요한 개념이다. 전반적으로 오늘날의 소비자들에게는 기업 특히 대기업의 이미지는 부정적인 경향이 짙다. 따라서 이러한 인식을 전환시키기 위해 기업은 종업원, 소비자, 투자자 등 그들의 관심사에 따라 즉각적으로 반응하는 여러 공중들과 터놓고 의사소통함으로써 공중의 인식과 기업의 실질을 일치시킬 필요가 있다.

## 1. 기업광고와 기업 이미지의 관계

기업 이미지는 대중에 의해 폭넓게 형성된 하나의 태도라기보다는 기업과 긴밀한 접촉이 있는 사람들의 마음에 형성된 태도의 모자이크에서 만들어진다.[73] 이러한 기업 이미지는 급속한 기술개발에 따른 고도성장의 시대를 맞이하면서 상품의 수명주기가 크게 단축되고, 상품의 균일화, 동질화 현상이 가속화되면서 더욱 중요성을 띠게 되었다. 이제 상품으로 승부하던 시대는 지나고 기업 이미지를 소비자에게 심어주고, 광고가 단순한 상품세일이나 상표 이미지를 전달하는 데 그치지 않고 소비자와의 친밀감을 조성하기 위해서 응결된 기업이념을 전달하는 차원으로까지 승화되어야 한다.

이러한 기업 이미지는 제품, 사무활동 등에 의해서 전달되기도 하지만 광고, 홍보활동과 같은 커뮤니케이션 활동을 통해서 널리 전달된다. 기업광고는 기업 이미지 확립을 위한 적극적인 방법으로서 오늘날 가장 많이 활용하고 있는 것인데, 이는 기업광고가 사회적 기대를 충족시키는 데 기업이 할 수 있는 것을 공중에게 보다 잘 이해시키는 데 효과적 도구가 되기 때문이다.[74] 따라서 기업이 기업 이미지의 형성 및 변화를 목적으로 할 때 기업광고는 기업이 의도한 방향으로 조정할 수 있다는 점에서 효과적인 전

---

73) 김진웅, "한국 기업광고의 표현특성에 관한 연구," 경희대학교 석사학위논문, 1994, p.45.
74) Sethi, S. P., "Institutional/Image Advertising and Idea/Issue Advertising as Marketing Tools: Some Public Policy Issues", *Journal of Marketing*, Vol. 43(Jan 1979), pp.85-89.

달수단이라 할 수 있다.

이와 같이 기업광고는 기업이 의도적으로 기업 이미지를 전달하는 적극적인 수단이므로 기업이 기업광고를 실시할 때는 긍정적이고 호의적인 이미지를 창출하려는 것이며, 기업 이미지는 구체적으로 다음과 같이 기업 활동의 제 분야에 걸쳐 긍정적인 역할을 수행한다고 평가되고 있다.[75]

첫째, 제품의 다양화, 제품수명주기의 단축화에 따라 상표 개개의 이미지 형성의 비용이 많이 들고 효율성도 낮아지게 된 상황에서, 기업 이미지의 구축이 기업 커뮤니케이션 체제의 효율성을 제고시키는 방안이 되었다.

둘째, 좋은 기업 이미지는 기업의 성장을 위해 필요한 자금의 조달은 용이하게 한다.

셋째, 좋은 기업 이미지는 기업 활동 전반에 걸쳐 호의적인 공공 관계를 형성시켜 줌으로써 기업의 사회적 수용을 용이하게 한다.

넷째, 기업에 종사하는 종업원들의 사기를 양양시키고, 근무의욕도 증대시킨다. 아울러 호의적인 이미지의 구축은 인재를 기업으로 유인하는 데 기인한다.

따라서 기업 이미지를 관리하는 것은 공공의 신용을 보호하고 유지시키는 열쇠이며, 기업 이미지를 관리하는 여러 요인 가운데 창조적 커뮤니케이션 수단이 기업광고라 할 수 있다.

기업광고는 단순한 판매촉진을 목적으로 행해지는 상품광고와는 달리 기업과 관련된 이해관계자들에게 회사의 정책, 제품, 대고객방침 등에 대한 호의적 인상을 심어주기 위해 행해지는 광고로서, 기업 이미지 제고를 위한 다양한 전략들 중 가장 적극적이며 핵심적인 활동이라 할 수 있다.

기업광고가 기업 이미지의 확립을 위한 적극적 방법으로 오늘날 가장 많이 활용되는 이유는 기업광고가 사회적 기대를 충족시키는 데에 있어서 기업이 할 수 있는 것을 공중에게 보다 잘 이해시키는 효과적 도구가 되기

---

75) 김진웅, 전게서, p.45.

때문이다.76)

기업 이미지의 형성 및 변화를 목적으로 할 때 기업광고는 기업의 계획
대로 조정할 수 있다는 점에서 매우 효과적인 수단이라 할 수 있다. 기업
이미지는 모든 기업 커뮤니케이션에 의해 전달되고 특히 이들 중 기업광고
는 기업의 의도적인 기업 이미지의 전달이나 변화노력으로서, 기업이 기업
광고를 실시할 때에는 긍정적이고 호의적인 이미지를 창출하려고 하는 것
이므로 기업 이미지 관리에 있어서 기업광고는 중대한 역할을 하고 있다.

## 2. 기업 이미지를 위한 기업광고 전략

기업을 둘러싼 환경을 크게 나누면 내부의 종업원과 외부의 일반 대중으
로 나눌 수 있다. 외부의 일반 대중을 지역사회, 매체, 소비자, 정부로 국한
하여 기업의 광고전략을 살펴보면 다음과 같다.77)

### (1) 내부적 기업광고 전략

① 기업의 목표: 경영층-종업원 간의 의사소통 유지, 고급 노동력의 확
　　보, 고품질의 서비스와 제품의 생산, 종업원의 복지후생 및 안전보장
② 내부광고 방법: 종업원과의 회합, 종업원-감독자 간의 회합, 종업원
　　에 대한 정책변경 고지, 사보 등 커뮤니케이션 수단의 활용, 종업원에
　　대한 기술교육, 경쟁적 보상체계 도입, 칭찬, 우대 등을 통한 격려, 건
　　강, 안전교육
③ 내부광고에 따른 효과: 종업원 사기향상, 사기향상을 통한 소비자 관
　　계나 지역사회와의 관계개선, 종업원의 기업 이미지 개선, 양질의 노

---

76) Sethi, S. P., "Advocacy Advertising-The American Experience", *California Management Review,* Vol. 21(Fall 1978), p.69.
77) Gray, James G., op.cit., pp.93-103.

동력 확보, 이윤증가, 좋은 제품과 서비스 제공, 생산성의 향상, 내부 종업원에 대한 광고로 상기와 같은 효과를 얻을 수 있다.

## (2) 외부의 일반 대중에의 기업광고 전략

외부의 일반 대중에는 여러 형태의 조직, 혹은 대중이 존재하므로 광고 전략의 다양성이 요구된다.

① 지역사회
(가) 기업의 목표: 지역사회의 지지획득
(나) 광고 방법: 지역신문에 특집이나 광고의 게재, 지방기업 간의 친밀성 유지, 지역매체와의 긴밀한 관계유지, 지역 사회단체나 학교에의 기부, 지역자원의 개발에 능동적 역할부담, 지역사회의 시민단체 가입, 지방정부에의 접촉, 공장개방 등의 행사
(다) 효과: 기업목표에 대한 지역사회의 지지획득, 지역사회에서의 기업 이미지 개선, 지역사회에의 적응방법에 대한 지식의 증가

② 소비자
(가) 기업의 목표: 이윤의 획득, 소비자 불만의 최소화
(나) 광고 방법: 좋은 품질의 제품과 서비스 제공, 신뢰성에 대한 평판 습득, 진실한 광고 캠페인 실시, 소비자의 요구조사, 소비자의 건강－안전 보장, 소비자 불만의 적절한 조치, 기업슬로건 제시
(다) 효과: 제품 및 서비스에 대한 대중의 신뢰감 습득, 수익성 성장성 확보, 경기 침체 시 기업 이미지 손상의 방지, 소비자의 기업 이미지 개선

③ 대중매체
(가) 기업의 목표: 기업 이미지의 효과적 전달
(나) 광고 방법: 대중매체 전담기관 설치, 대중매체에 정보전달, 대면회합

(다) 효과: 대중매체와의 긴밀성, 대중매체를 통한 기업 이미지전달로 기업노력 절감

④ 정부
(가) 기업의 목표: 건전한 정부관계의 유지
(나) 광고 방법: 정부지시에의 순응, 로비활동의 전개, 정부와의 긴밀관계 유지
(다) 효과: 정부규제와 일치, 정부와의 관계개선

## 3. 기업 이미지 관리 전략

특정 기업이 도달하고자 하는 가장 이상적인 기업 이미지는 여러 회사집단의 마음속에 기업이 최대한의 성실성과 정직성을 바탕으로 탁월한 기술의 활용을 통해 높은 품질의 제품과 서비스를 창출, 판매하고 있고 지역사회와 더불어 호흡하는 존재로 확고히 뿌리내리는 것이다.[78]

기업이 이미지 전략을 수립하기 위해서는 이미 형성되어 있는 기업 이미지를 파악하는 것이 우선이다. 이를 위해서는 오스굿(Osgood)에 의해 발전된 어의차이법(semantic differentials)이 가장 유용하다. 이미지를 파악하는 기준은 대체로 ① 평가(evaluation): 좋다, 나쁘다 ② 잠재성(potency): 강하다, 약하다 ③ 활동성(activity): 능동성, 소극적 등으로 나뉘며, 이 기준에 의해 기업 이미지를 파악하여 기업이 의도한 이미지에 미치지 못할 때 기업은 기업 이미지 강화계획을 수립하고 많은 커뮤니케이션 도구를 이용하여 기업 이미지를 개선하는 전략을 전개하게 된다. 그러나 이러한 커뮤니케이션 도구의 활용과 함께 조직적이고 과학적인 절차와 방법에 따라 전사적으로 전개되어야 한다.

대체로 기업의 최고경영자는 기업에 대한 여론의 초점이 되고 있는데 이

---

78) 반병길, 전게서, p.722.

들은 기업 이미지의 형성에 있어 다음과 같은 역할을 하고 있다.[79]

첫째, 기업 이미지는 최고경영자의 이미지에 따라 자연적으로 형성되는 경우가 많다.

둘째, 전체기업의 이미지를 반영하는 기업의 대변자 역할을 하고 있다.

셋째, 기업 이미지를 정의하고 형성하며 전달해야 한다.

기업 이미지 전략의 전개에 있어 이와 같은 중요한 역할을 담당하는 경영자들이 실제로 대중들에게 단지 이윤동기에 의해서 진실성이나 품위가 결여된 행동을 하고 있으며, 사회에 대한 여러 가지 활동도 단지 반기업 감정을 가라앉히고 많은 죄악을 감추려는 단순한 자선행위 정도로만 인식되고 있어[80] 이에 따라 자연적으로 기업에 대한 전반적인 이미지가 악화된 것이다.

따라서 경영자는 기업철학에 반드시 진실한 사회적 책임을 고려하도록 하고, 장기적인 계획에 따라 기업철학을 구체적으로 실행해야 하며 기업 이미지 개선전략도 총체적으로 전개해야 한다.

## 4. 기업 프로파일 전략

사람들은 기업 이미지를 형성할 때 부분적으로는 기업주도 커뮤니케이션, 즉 기업에 의해 통제되는 정보전달에 대한 반응으로 나타난다. 이런 관계에 있어서는 기업이 정보의 내용, 빈도 등에 대한 통제가 가능하지만 실제로 이러한 기업 이미지의 형성에는 통제불가능한 요소가 있게 마련인데, 여기에는 소비자보호운동, 시민권리운동, 환경주의운동, 경쟁자 등 대중매

---

79) Gray, James G., Jr., op.cit., p.72.
80) Finn, D., "Public Invisibility of Corporate Leaders", *Harvard Business Review*, Vol. 58, July, 1982, pp.102-110.

체에 의해 그 영향이 증대될 수 있는 여러 가지가 포함된다. 기업 이미지 관리의 목적은 이러한 통제가 어려운 정보의 흐름을 감소시킴으로써 다양한 대중들에게 의도적으로 호의적인 이미지를 유지하는 데 있다.[81] 이러한 목적을 달성하기 위한 전략에 저프로파일(low-Profile) 전략과 고프로파일(high-profile) 전략이 있다.

### (1) 저프로파일 전략

저프로파일 전략은 대중이나 업계, 비평가, 경쟁자 등의 눈에 띄지 않게 활동함으로써 호의적 이미지를 형성하는 전략이다. 이는 불가현성(invisibility)이나 수동성(passivity) 등으로 요약될 수 있는데[82] 이 전략선택의 정당성은 다음과 같은 이유에 의해 설명될 수 있다.[83]

첫째, 대중들의 평가로부터 생기는 여러 가지 위험으로부터 벗어날 수 있다.

둘째, 대부분의 다수와 동일해짐으로써 부각됨을 피할 수 있다.

셋째, 대중들과 커뮤니케이션을 증대시키기 위한 비용이나 시간 및 노력을 최소화시킬 수 있다.

1960년대와 1970년대에 대부분의 기업이 이러한 전략을 선택했는데, 이는 주로 기업에 대한 부정적 여론이 증가됨에 따라 대중의 비판에 대한 두려움으로 인한 것이었다.[84]

---

81) Marton, K. and Boddewyn, J. J., "Should a Corporation Keep a Low Profile?", *Journal of advertising Research*, Vol. 18, Aug, 1978, p.25.
82) Marton, K. and Boddewyn, J. J., op.cit., p.30.
83) Moodie, C., "The High Cost of a Low Profile", *Public Relations Journal*, Nov. 1973, pp.22-25.
84) Partin, T., "The FTC and Image Advertising", *Public Relations Journal*, Jul. 1976, pp.18-19.

### (2) 고프로파일 전략

고프로파일 전략은 대중의 공개요구에 부응하고 기업에 대한 많은 정보가 창출되도록 기업 활동과 특정 이슈에 대한 입장을 공표하고 대응하는 입장을 취하는 것이다.[85]

이는 다음과 같은 이유에 의해 정당화되고 있다.[86]

첫째, 어떤 상황에서는 과도한 노출을 피할 수 없는 경우가 있다.

둘째, 대중들은 점점 기업의 활동을 나타내고 설명하며 정당화시킬 것을 요구하고 있다.

셋째, 소비자 옹호자나 정치가들에게 대응하는 데 필요하다.

많은 기업들이 갑작스런 공중에의 노출로 인해 고프로파일의 위치에 놓이는 경우가 많으므로 프로파일관리의 문제가 발생한다. 즉, 기업의 준비가 되어 있지 않은데 대중에 노출됨으로써 대중들의 비난에 대해 방어적 위치에 놓이게 되어 기업에 불리한 여론에 대해 무기력해질 수 있으므로 프로파일 관리가 중요하게 되는 것이다. 따라서 기업은 적절한 프로파일을 설정하여 이를 효과적으로 관리해야 할 것이다.[87]

---

85) Marton, K. and Boddewyn, J. J., op.cit., p.26.

86) Howsam, P. S., "A Sure Cure for Low Corporate Profile", *Broadcasting*, May 19, 1976, pp.17-18.

87) Marton, K. and Boddewyn, J. J., "Should a Corporation Keep a Low Profile?", *Journal of advertising Research*, Vol. 18, Aug, 1978, p.31.

# 제4장  기업 이미지 분석을 위한 실증연구

## 제1절  기업의 이미지 분석 방법

본 연구의 연구문제 연구에 앞서 사전조사로 우리나라 경제에 축을 이룰 수 있다고 생각되는 5대 기업, 즉 삼성, 현대, LG, 대우, SK를 선정해 이 기업들에 대해 일반인들이 갖고 있는 기업 이미지는 어떤 것인지를 파악하고자 5대 기업의 이미지 분석을 하고자 한다.

<표 4-1> 기업 이미지의 평가요인

| | |
|---|---|
| 1. 전통이 있다 | 12. 장래성이 있다 |
| 2. 기술이 좋다 | 13. 연구개발에 열심이다 |
| 3. 안정성이 있다 | 14. 경영자가 유능하다 |
| 4. 광고/선전을 잘한다 | 15. 근대적인 느낌이다 |
| 5. 신뢰성이 있다 | 16. 고객서비스가 철저하다 |
| 6. 규모가 크다 | 17. 깨끗한 이미지를 가진다 |
| 7. 국제 경쟁력이 있다 | 18. 시류에 맞는다 |
| 8. 판매력이 충실하다 | 19. 적극성이 있다 |
| 9. 신제품 개발에 뛰어나다 | 20. 사풍이 좋다 |
| 10. 친근감이 있다 | 21. 공해방지에 관심을 기울인다 |
| 11. 사회에 공헌도가 높다 | 22. 소비자 문제를 성실히 다룬다 |

자료: 日本經濟新聞 企業調查部, 企業イメッ、東京: 日本經濟新聞社, 1977, p.51.

5대 기업의 이미지 분석은 각 기업에 대한 선호도 분석과 기업 이미지 및 기업에 대해 갖고 있는 느낌에 대해 조사하고자 한다. 기업 이미지 및 기업에 대해 갖고 있는 느낌에 대해서는 매년 일본 경제신문 기업 조사부에서 실시하고 있는 검증된 22개의 설문 문항을 수정하여 기업 이미지를 측정하고자 하며, 어떤 요인이 기업 이미지에 영향을 미치는가를 분석한다 (<표 4-1> 참조).

5대 기업의 이미지 분석을 위한 조사방법은 설문지법을 이용하였고, 무작위 추출에 의해 수도권에 거주하는 20대에서 50대에 이르는 360명을 표본으로 진행되었다. 설문지는 각 기업의 이미지에 대한 22개 문항과 광고 느낌반응 13문항으로, 5점 척도법을 사용했으며, 본 연구문제를 위한 1차 조사로 1998년 5월과 6월에 배포, 회수되었고, 그중 무성의하거나 잘못 작성된 설문을 제외한 344개의 설문을 분석하였다.

자료분석에 이용된 방법은 SPSS(Statistical Package for Social Science) 8.0버전 통계프로그램이며, 선호도 분석과 요인분석, 분산분석 등을 실시하였다.

연구 표본의 인구통계적 분석은 <표 4-2>와 같다.

<표 4-2> 표본의 인구통계적 분석결과

| 변 수 | 구 분 | 비 율 (%) |
|---|---|---|
| 연 령 | 20대 | 65.5 |
| | 30대 | 26.4 |
| | 40대 이상 | 8.1 |
| 성 별 | 남 | 42.9 |
| | 여 | 55.6 |
| 직 업 | 학 생 | 39.3 |
| | 회사원 | 39.9 |
| | 전문직 | 10.2 |
| | 공무원 | 4.2 |
| | 자가사업자 | 1.8 |
| | 기 타 | 4.5 |
| 소 득 | 50만 원 이하 | 17.1 |
| | 51-100 | 30.0 |
| | 101-200 | 26.1 |
| | 201만 원 이상 | 6.6 |
| | 기 타 | 20.1 |

# 제2절 기업 이미지 분석 결과

## 1. 선호도 분석

선호도 분석에서는 5대 기업, 즉 삼성, 현대, LG, 대우, SK의 기업 선호도를 알아보았다.

조사결과 5개 기업 중 삼성의 선호도가 가장 높게 나타났다. 각 기업의 선호도와 평균은 다음 <표 4-3>과 같다.

<표 4-3> 각 기업의 선호도

| 기업 \ 선호도 | 1순위 | 2순위 | 3순위 | 4순위 | 5순위 | 평 균 |
|---|---|---|---|---|---|---|
| 삼 성 | 195/344 | 60/344 | 42/344 | 30/344 | 17/344 | 4.12 |
| 현 대 | 46/344 | 106/344 | 105/344 | 59/344 | 28/344 | 3.24 |
| L G | 75/344 | 125/344 | 88/344 | 43/344 | 13/344 | 3.60 |
| 대 우 | 21/344 | 37/344 | 67/344 | 153/344 | 66/344 | 2.40 |
| 선경(SK) | 7/344 | 16/344 | 42/344 | 59/344 | 220/344 | 1.63 |

위의 표와 같이 삼성의 선호도 평균이 4.12이고, 삼성을 선호 1순위로 응답한 사람은 344명 중 195명, 2순위로 응답한 사람이 60명, 3순위로 응답한 사람이 42명, 4순위로 응답한 사람이 30명, 5순위로 응답한 사람이 17명으로 나타났다. 현대의 선호도 평균은 3.24이고, 현대를 선호 1순위로 응답한 사람이 46명, 2순위로 응답한 사람이 106명, 3순위로 응답한 사람이 105명, 4순위로 응답한 사람이 59명, 5순위로 응답한 사람이 28명이다. LG의 선호도 평균은 3.60이고, LG를 1순위로 선호하는 사람이 75명, 2순위로 선호하는 사람이 125명, 3순위로 선호하는 사람이 88명, 4순위로 선호하는 사람이 43명, 5순위로 선호하는 사람이 13명으로 나타났다. 마찬가지로 대우의 선

호도 평균이 2.40이며, 1순위로 응답한 사람이 21명, 2순위는 37명, 3순위는 67명, 4순위는 153명, 5순위로 응답한 사람이 66명이었다. SK의 선호도 평균은 1.64로 SK를 1순위로 선호하는 사람이 7명, 2순위로 선호하는 사람은 16명, 3순위는 42명, 4순위는 59명, 5순위는 220명으로 소비자들은 삼성, LG, 현대, 대우, SK의 순으로 선호하는 것을 알 수 있다.

선호도 평균은 5점 척도로 편의상 1순위 응답을 5점, 2순위 응답을 4점, 3순위 응답을 3점, 4순위 응답을 2점, 5순위 응답을 1점으로 처리하여 평균을 낸 것이다.


## 2. 기업 이미지에 대한 각 항목별 차이

기업 이미지에 대한 22개 설문문항에 대한 5개 기업의 차이가 유의하며, 각 속성별 5대 기업 이미지를 비교 분석해 보면, <표 4-4>와 같다.

### <표 4-4> ANOVA분석과 다중비교분석

| 속 성 | F 값 | P값 | Multiple Comparisons |
|---|---|---|---|
| 기업의 전통 | 118.325 | .000 | 삼성(4.31) 현대(4.27) LG(3.93) 대우(3.56) SK(3.19) |
| 기업의 기술성 | 135.191 | .000 | 삼성(4.50) 현대(4.06) LG(4.06) 대우(3.58) SK(3.30) |
| 기업의 안정성 | 105.996 | .000 | 삼성(4.21) 현대(4.11) LG(3.99) 대우(3.58) SK(3.15) ------------------------------ |
| 기업 광고 | 139.409 | .000 | 삼성(4.31) LG(4.23) 현대(3.73) 대우(3.70) SK(2.98) |
| 신뢰성 | 79.565 | .000 | 삼성(4.29) 현대(3.93) LG(4.08) 대우(3.71) SK(3.26) |
| 기업의 규모 | 107.209 | .000 | 삼성(4.51) 현대(4.38) LG(4.17) 대우(3.89) SK(3.36) |
| 국제경쟁력 | 90.166 | .000 | 삼성(4.32) 현대(4.09) LG(3.90) 대우(3.79) SK(3.17) ------------------------ |
| 기업의 판매력 | 93.954 | .000 | 삼성(4.27) 현대(3.98) LG(4.01) 대우(3.69) SK(3.17) |
| 신제품 개발 | 113.687 | .000 | 삼성(4.30) 현대(3.80) 대우(3.72) LG(3.99) SK(3.03) |
| 기업의 친근성 | 118.083 | .000 | 삼성(4.22) LG(4.17) 현대(3.94) 대우(3.64) SK(2.99) |
| 사회공헌도 | 57.152 | .000 | 삼성(4.13) 현대(3.98) LG(3.79) 대우(3.59) SK(3.24) -------------------------- -------------------------- |
| 기업의 장래성 | 74.334 | .000 | 삼성(4.21) 현대(4.11) LG(3.96) 대우(3.79) SK(3.24) ------------------------ -------------------------- |
| 연구개발 노력 | 73.994 | .000 | 삼성(4.31) SK(3.30) 현대(3.96) LG(3.95) 대우(3.72) |
| 경영자의 능력 | 31.406 | .000 | 삼성(3.93) 현대(3.97) 대우(3.85) LG(3.77) SK(3.33) ------------------------------------------ -------------------------- |
| 근대적인 느낌 | 23.367 | .000 | 삼성(3.90) 현대(3.71) LG(3.65) 대우(3.57) SK(3.30) |
| 고객서비스 | 55.236 | .000 | 삼성(4.09) LG(3.89) 현대(3.64) 대우(3.52) SK(3.16) |
| 깨끗한 이미지 | 48.310 | .000 | 삼성(4.10) LG(4.15) 현대(3.62) 대우(3.52) SK(3.22) ------------------------------------------------ ---------------------- |
| 기업의 시대성 | 37.114 | .000 | 삼성(3.88) 현대(3.71) LG(3.89) 대우(3.59) SK(3.22) 삼성(3.88)LG(3.89) 현대(3.71)LG(3.89) 현대(3.71)대우(3.59) |

| 기업의 적극성 | 70.256 | .000 | <u>삼성(4.28) 현대(4.05) LG(4.01) 대우-(3.76)</u> SK(3.28) |
|---|---|---|---|
| 사풍이 좋음 | 26.923 | .000 | <u>삼성(3.97) LG(3.84) 현대(3.74) 대우-(3.56)</u> SK(3.37)<br>------------------------<br>------------------------ |
| 환경에 대한 관심 | 2.429 | .046 | <u>삼성(3.38) 현대(3.22) LG(3.36) 대우-(3.24) SK(3.26)</u> |
| 소비자문제해결 | 29.283 | .000 | <u>삼성(3.87) LG(3.77) 현대(3.60) 대우-(3.45)</u> SK(3.21)<br>------------------------ |

* 같이 밑줄 친 기업은 이미지상에서 차이가 유의적이지 않음을 의미한다.

<표 4-4>에서 다중비교분석을 보면, 기업의 속성 중 소비자들이 인식하는 이미지는 삼성과 현대가 가장 우수하고, 그 다음이 LG, 대우, SK 등이었다. 다중비교분석에서 같이 밑줄 친 기업은 동일하게 인식되고 있음을 나타낸다. 이 분석을 통해 우리나라 사람들은 기업의 모든 속성에서 삼성, 현대, LG, 대우, SK 순으로 우수하다고 생각하고 있는 것 같다. 즉, 어떤 속성에서 특별히 부각되는 기업이 없이 전체 순위에 따라 평가하는 듯한 경향이다. 다만, LG가 몇몇 부분에서 현대를 앞서고 있는데, 기업광고와 기업의 친근성, 고객 서비스, 깨끗한 이미지가 현대보다 좋은 인식을 갖고 있다. 또 연구개발 속성에서는 SK가 현대, LG보다 우수하게 인식되고 있다.

이를 각 속성별로 설명하면,
① 기업의 전통에서는 삼성과 현대가 서로 비슷한 이미지로 인식되고 있다.
② 기업의 기술성은 삼성과 현대, 현대와 LG가 비슷한 이미지로 인식되고 있다.
③ 기업의 안정성에서 보면 삼성과 현대, 현대와 LG의 이미지가 비슷하게 인식되고 있다.
④ 기업광고는 삼성과 LG, 현대와 대우가 서로 비슷하게 인식되고 있는 것으로 나타났다.
⑤ 신뢰성은 현대와 LG가, 기업규모는 삼성과 현대, 국제경쟁력에서는 현대와 LG, LG와 대우가 비슷하게 인식되고 있음을 알 수 있다.

⑥ 기업의 판매력에서는 현대와 LG, 신제품 개발 노력에서는 현대와 대우가 서로 관련되어 인식되고 있다.

⑦ 기업의 친근성에서는 삼성과 LG가, 사회공헌도에서는 삼성과 현대, LG, 대우가 비슷하게 인식되고 있다.

⑧ 기업의 장래성과 경영자의 능력, 근대적인 느낌, 기업의 시대성에 대한 이미지는 삼성, 현대, LG, 대우가 소비자들의 인식을 같이하고 있다고 볼 수 있다.

⑨ 연구개발 노력에 대한 이미지는 삼성과 SK, 현대와 LG가 서로 비슷한 인식으로 나타났다.

⑩ 고객서비스는 삼성과 LG, 현대와 대우가 비슷한 이미지로 인식되었다.

⑪ 깨끗한 기업 이미지는 5개 기업이 서로 관련 있게 인식하고 있는 것으로 조사되었다.

이와 같이 표에서 각 속성마다 밑줄을 그은 기업은 서로 관련되어 인식되고 있음을 알 수 있다.


## 3. 기업 이미지에 관한 지각도

### (1) 지각도의 개념

지각도는 마케팅에서 시장구조를 분석하거나, 신제품 개발, 광고전략을 모색하는 등의 여러 측면에서 널리 사용되는 기법이다. 특히 제품정책을 계획하는 데 있어서 지각도 기법은

1) 소비자가 제품을 평가하는 데 사용하는 기본적인 인식차원(cognitive dimension)을 알려주며,

2) 이런 차원의 관점에서 기존제품과 잠재적 제품의 상대적 위치를 알려준다.[88]

 신제품 개발에 있어서 소비자에게 효익을 제공할 뿐만 아니라 경쟁제품과 차별화시킬 수 있는 제품을 고안하기 위해서는 소비자의 인식 속에 제품을 독특하게 자리 잡게 할 수 있는 전략, 즉 제품 포지셔닝 전략이 요구된다. 효율적인 제품 포지셔닝을 위해서는 소비자들이 제품을 평가하는 데 사용하는 인식차원에 대하여 차원의 수와 이 차원들의 속성 등을 알아야 하며, 이 차원에 있어서 기존제품의 위치와 경쟁제품의 위치, 그리고 신제품은 어느 위치를 선택해야 효율적인가를 평가해야 한다. 이러한 제품 포지셔닝의 구체적 방안으로서 사용되는 강력한 도구가 지각도인 것이다.[89]

 또 지각도는 소비자들의 선호도를 고려하여 소비자 의사결정을 모형화한 개념으로서 이상점(ideal point)을 도출하여 나타낼 수 있다. 이상점이란 소비자들의 가장 '이상적인 지점'으로 표현되는 인지공간상에서의 위치를 통하여 그 소비자들을 나타내 주는 것이다. 따라서 주어진 브랜드에 대한 개인의 효용은 그 소비자의 이상점으로부터 가중 유클리디안 거리(weighted euclidean distance)와 부의 상관관계가 있는 것이다. 즉 이상점에서 가까이 위치한 제품일수록 소비자들은 그 제품을 선호하고 멀리 있으면 있을수록 그 제품을 선호하지 않는다는 것이다.

 이러한 이상점은 인지공간상에서 기존제품과 이상점과의 거리측정은 가능하지만 그 이상점이 어떤 실제적인 제품과 일치할 필요는 없는 단지 준거지점(reference location)을 나타낸다.[90]

 소비자 의사결정의 다른 모형으로 이상방향(ideal vector)모형을 들 수 있는데 이것은 지각도상에서 제품속성들과 그 속성들이 모아져 이루어진 차원과의 관계를 나타내고 또한 각 제품속성의 중요도를 나타낸다.

---

88) Robert, A. Hauser & Frank S. Koppelman, "Alternative Perceptual Mapping Techniques: Telative Accuracy and Usefulness", *Journal of Marketing Research*, 16(November), 1979, pp.495-506.
89) Glen L. Urban, John R. Hauser & Nikhilesh Dholakia, *Essentials of New Product Management*, Prentice-Hall, 1987, pp.103-111.
90) Allan, D. Shocker & V. Srinivasan, "Multiattribute Approaches for Product Concept Evaluation and Generation: A Critical Review", *Journal of Marketing Research*, 16(May), 1979, pp.159-180.

즉, 이상방향 모형은 효용을 각 제품의 속성 수준들의 가중합으로 모형화 시킨 것으로 이상점 모형의 특별한 경우라 할 수 있다. 왜냐하면 모든 제품 속성 차원에 대하여 이상적인 수준이란 일방적으로 많으면, 많을수록, 혹은 적으면 적을수록 소비자에게 선호되는 것을 나타내기 때문이다.

일반적인 2차원 지각도상에서 각 제품속성에 대한 이상방향은 각 속성에 대하여 어느 차원이 그 속성을 더 잘 반영하는 가를 나타내주고, 원점에서 각 속성의 이상점에 이르는 거리는 소비자가 각 제품을 평가할 때 중요하게 생각하는 속성의 중요도를 표시하는 것이다.[91]

이들 양 방법 사이의 선택은 주로 결정속성의 특성에 따라 좌우된다. 그러나 두 방법은 특별한 속성정의에 대해 어느 정도 적합성을 갖고 있다. 그러므로 두 방법의 혼합모형은 일반적으로 장점을 지닌다고 할 수 있다.[92]

## (2) 지각도의 작성기법

일반적으로 지각도를 작성하는 데에는 4가지의 주요 기법, 즉 요인분석(factor analysis), 다차원척도법(ratio multidimensional scaling) 그리고 다중판별분석(multiple discriminant analysis)이 있다.

이러한 방법들은 제품속성차원을 도출하는 데 입력자료로 사용하는 매트릭스의 유형에 차이가 있기 때문에 결과에 있어서도 다소 차이를 보인다. 요인분석과 주성분분석은 속성 간의 상관 매트릭스로부터 차원을 도출해내고, 다차원 척도법은 유클리디안 거리로 계산된 매트릭스로부터, 그리고 다중판별분석은 제품 간의 마할라노비스(mahalanobis)거리의 매트릭스로부터 차원을 구한다.[93]

---

91) Johny, K. Johansson & Hans B. Thorelli, "International Product Positioning", *Journal of International Business Studies*, Fall, 1985, pp.57-75.
92) Allan, D. Shocker & V. Srinivasan, op.cit., pp.159-180.
93) William R. Dillon, Donald G. Frederick & Vanchai Tangpanichdee, "Decision Issues in Building Perceptual Product Spaces with Multi-Attribute Rating Data", *Journal of Consumer Research*, 12(June), 1985, pp.47-63.

다차원 척도법은 유사성 척도(similarty scaling)에 의한 방법이라고도 하는데, 소비자들에게서 각 제품상에 대한 유사성과 비유사성을 측정하여 기하학적 공간상에서 제품 간 거리의 순위가 원래 소비자의 유사성 순위와 가능한 일치하도록 위치시킴으로써 지각도를 구성하는 방법이다.

다차원 척도법은 요인분석과 판별분석과는 달리 제품의 개별 속성에 대한 제품들 간의 전반적인 유사성을 기준으로 지각도를 작성하게 되고 후속적으로 요인분석을 실시하여 차원을 이루는 속성을 알아낼 수도 있는 것이다.[94]

요인분석과 주성분 분석은 입력자료의 형태나 지각도 도출과정에서 거의 같다고 볼 수 있다. 요인분석에 의해 지각도를 작성할 경우, 이는 속성에 기초한 방법으로, 속성들의 기저에 근거한 인식구조를 밝힘으로써 지각도를 구성하는 방법이다. 이 방법에 있어서의 주요 관심은 기본 인식구조가 어떤 것인가에 있으므로, 속성 간의 상관관계가 제품과 소비자들에 걸쳐 계산되어 인지차원(perceptual dimension)을 형성하고, 제품의 지각도상 위치는 요인점수(factor score)에 의해 측정된다.

판별분석에 의한 방법도 역시 속성평가에 기초한 방법이지만, 속성 간의 상관관계에 기초한 구조를 밝히기보다는 제품을 가장 잘 판별할 수 있는 선형결합을 찾아내는 것이다. 이 방법에서의 종속변수는 제품등급이고 설명변수는 속성등급이 된다. 이때 속성의 공통구조를 알기 위하여 소비자들에 대하여 판별분석이 행해지며, 제품의 지각도상 위치는 판별점수(discriminant score)에 의해 정해진다.[95]

### (3) 지각도 작성을 위한 요인분석

이 연구에서는 요인분석을 통한 소비자의 기업 이미지 지각도를 구하여 소비자들이 연구된 5대 기업들에 대해 어떠한 차별적 인식을 갖고 있는지를 살펴보려고 한다.

---

94) Allan D. Shocker & V. Srinivasan, *op.cit.*, pp.159-180.
95) Robert A. Hauser & Frank S. Koppelman, op.cit., pp.495-506.

우선 기업 이미지 속성들을 몇 개의 기본적인 차원으로 분류하고, 각 기업의 위치를 분류한 차원상에서 위치시켜 봄으로써 기업들의 차별적 이미지를 파악하고 추출된 차원에서의 이상 방향과의 관계를 통해 기업들이 향후 소구해야 할 방향들을 제시하고자 한다.

지각도를 작성하는 데 있어서 요인분석을 택한 이유는 요인분석은 각 속성을 공통요인에 의해서 종합함으로써 도출된 차원이 무엇인지를 명확히 알아볼 수 있다는 장점에 기인하였다.

먼저 기업 이미지 속성을 몇 개의 차원으로 분류하기 위해 요인분석을 실시하였다. 주성분 분석(principle component analysis)을 통해 4개의 요인을 추출하였다.

직교회전인 베리맥스(varimax) 회전을 시킨 결과 구해진 각 요인들과 속성들 간의 요인적재값(factor loadings)은 다음 <표 4-5>와 같다.

## (4) 기업 이미지 속성에 대한 요인분류

요인 1  기업의 외적 매력－기업의 전통과 안정성, 기술성, 신뢰성과 규모, 국제경쟁력 등과 같은 속성에 높은 요인 적재값이(<표 4-5>) 부여되어 이런 속성들을 기업 이미지의 외적 매력으로 분류하였다.

요인 2  기업의 마케팅 능력－기업이 광고를 잘하고, 판매력이 있으며, 친근감을 주고, 연구개발에 노력하는 마케팅 능력에 높은 요인 적재값을 (<표 4-5>) 나타내어 기업의 마케팅 능력 요인으로 분류하였다.

요인 3  기업의 바람직한 이미지－기업의 장래성과 경영자의 능력, 기업의 현대성, 기업의 깨끗한 이미지, 적극성, 시대성 있는 기업의 속성과 기업문화나 기업 분위기가 좋은 요인들이 높은 적재값을(<표 4-5>) 나타내어 기업이 가져야 할 바람직한 이미지로 관련속성들을 분류하였다.

요인 4  기업의 소비자 복지 기여도－고객에 대한 서비스, 환경에 대한 관심, 소비자문제에 적극적인 기업 속성들이 높은 요인 적재값을(<표 4-5>) 나타내어 기업이 소비자에 대한 복지 기여도로 분류하였다.

<표 4-5> 베리맥스 회전된 기업 이미지 속성에 대한 요인분석

| 속 성 | 요 인 1 | 요 인 2 | 요 인 3 | 요 인 4 |
|---|---|---|---|---|
| 기업의 전통성 | .761 | | | |
| 기업의 안정성 | .699 | | | |
| 기업의 기술성 | .658 | | | |
| 기업의 규모 | .641 | | | |
| 기업의 국제경쟁력 | .589 | | | |
| 기업의 신뢰성 | .566 | | | |
| 기업의 사회공헌도 | .428 | | | |
| 신제품 개발 | | .714 | | |
| 기업광고 | | .666 | | |
| 기업의 판매력 | | .588 | | |
| 기업의 친근감 | | .541 | | |
| 기업의 연구개발 노력 | | .484 | | |
| 기업의 근대적 느낌 | | | .710 | |
| 경영자의 능력 | | | .653 | |
| 기업의 시대성 | | | .608 | |
| 기업의 장래성 | | | .488 | |
| 기업의 사풍이 좋음 | | | .474 | |
| 기업의 깨끗한 이미지 | | | .471 | |
| 기업의 적극성 | | | .396 | |
| 기업의 환경에 대한 관심 | | | | .792 |
| 소비자문제 해결 노력 | | | | .732 |
| 철저한 고객서비스 | | | | .547 |

요인분석을 통해 추출된 4가지 요인이 지각도를 구성하는 4가지의 차원이 되고, 4차원의 지각도상에서 각 기업들의 위치를 알기 위하여 각 응답자별로 요인점수(factor score)를 계산하였다. 요인점수의 계산은 주성분 분석에 의해 산정되었다.

각 기업의 지각도상에서 위치는 각 응답자의 각 기업에 대한 요인점수를 평균화해 구할 수 있다. 각 기업에 대한 요인점수는 <표 4-6>과 같다.

<표 4-6> 각 기업에 대한 평균 요인점수

| 기업 \ 요인 | 요 인 1 | 요 인 2 | 요 인 3 | 요 인 4 |
|---|---|---|---|---|
| 삼 성 | 0.5192 | 0.5796 | −0.0050 | 0.1163 |
| 현 대 | 0.5691 | −0.2132 | 0.0722 | −0.1059 |
| L G | −0.0352 | 0.4695 | 0.0657 | 0.0853 |
| 대 우 | −0.2516 | −0.1252 | 0.0773 | −0.1272 |
| S K | −0.8039 | −0.7127 | −0.2108 | 0.0317 |

<표 4-7> 전체 응답자 대상 다중회귀분석 결과

| 변 수 | 회귀계수 | 회귀계수의 표준오차 | 베 타 | t 값 | 유의수준 |
|---|---|---|---|---|---|
| 기업의 외적 매력(요인1) | .578 | .028 | .409 | 20.437 | .000 |
| 기업의 마케팅 능력 (요인2) | .505 | .028 | .357 | 17.849 | .000 |
| 기업의 바람직한 이미지 (요인3) | .181 | .028 | .128 | 6.411 | .000 |
| 기업의 소비자복지기여도 (요인4) | .091 | .028 | .064 | 3.216 | .001 |
| 상 수 | 3.001 | .028 | | 106.107 | .000 |

R square=.315  F=196.126  유의수준=0.0

## [그림 4-1] 요인점수를 이용한 지각도

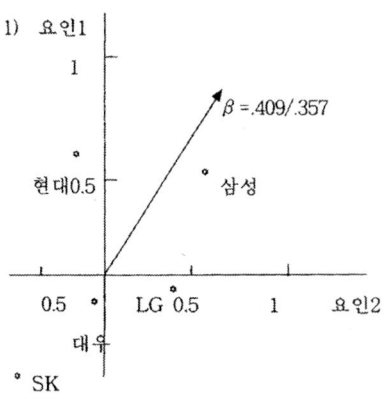

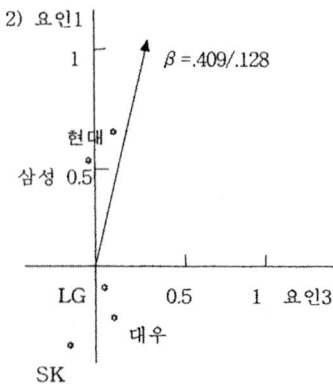

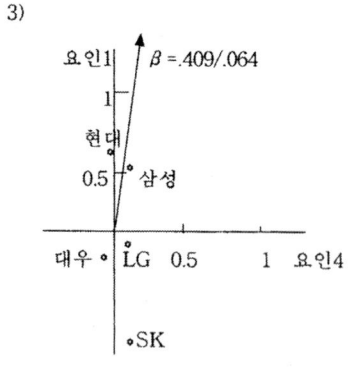

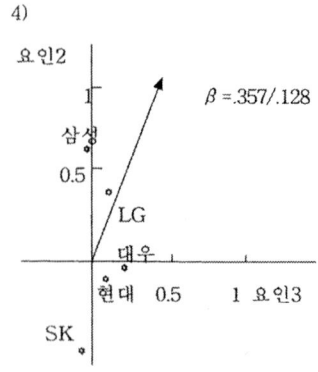

5)

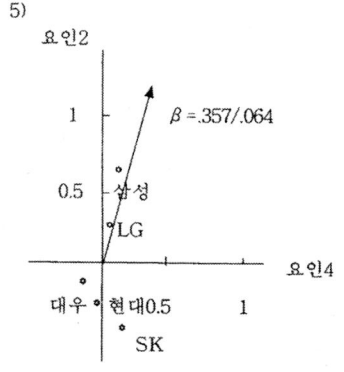

6)

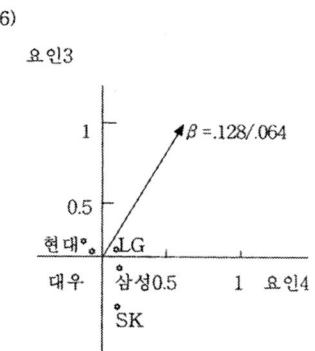

또한, 전체 응답자의 이상적인 소구방향(ideal vector)은 앞에서 구한 요인점수를 독립변수로 하고 각 응답자의 선호도 순위자료를 종속변수로 하는 회귀분석을 실시함으로써 구해질 수 있다.

전체 응답자를 대상으로 한 회귀분석 결과는 <표 4-7>과 같다.

<표 4-7>에서 베타값은 응답자들이 각 요인에 대해 부여하는 상대적인 선호도 가중치이다. 즉, 베타값은 각 요인의 중요도를 의미하며 베타값을 이용하여 지각도상에 표시되는 좌표는 응답자들의 이상적인 소구방향을 나타내 준다. 예를 들어 기업의 외적매력과 기업의 마케팅 능력을 고려할 경우 이상 방향의 기울기는 .357/.409가 된다.

표에서 나타난 것처럼 응답자들은 기업의 외적 매력과 기업의 마케팅 능력을 나머지 2요인, 즉, 기업의 바람직한 이미지와 기업의 소비자 복지기여도보다 더 중요시한다고 볼 수 있다.


## 4. 기업 이미지 분석을 위한 지각도


회귀분석의 결과와 각 기업들의 요인점수를 이용하여 소구방향과 각 기업들의 위치를 지각도로 나타내었다.

[그림 4-1]의 요인점수를 이용한 지각도에서 요인 1은 기업의 외적 매력, 요인 2는 기업의 마케팅 능력이며, 요인 3은 기업의 바람직한 이미지, 요인 4는 기업의 소비자 복지 기여도이다.

[그림 4-1]의 1)번 지각도는 요인 1(기업의 외적 매력)과 요인 2(기업의 마케팅 능력)의 지각도를 나타낸 것으로, 삼성이 이상점(ideal point)과 가까운 거리에 있으므로 삼성이 기업의 외적 매력과 마케팅 능력에 있어서 좋은 조화를 보이고 있으며, 현대는 기업의 외적매력요인에 좋은 인식을 나타내고 있고, LG는 기업의 외적매력보다 기업의 마케팅 능력에 좋은 인지를 나타내고 있다. 대우와 SK은 이상점과 정반대 방향에 있으므로 기업의 외적 매력과 마케팅 능력 요인에 대해서는 그다지 좋은 인지를 나타내

지 않고 있다.

2)번의 지각도는 요인 1(기업의 외적 매력)과 요인 3(기업의 바람직한 이미지)의 지각도를 나타낸 것으로, 현대가 이상적 방향과 가까우므로 기업의 외적 매력과 바람직한 기업 이미지가 잘 조화되어 있고, 삼성은 기업의 바람직한 이미지보다 기업의 외적매력에 더 좋은 인식을 받고 있는 것으로 나타났다. 그 밖의 LG, 대우, SK은 이상적 방향에서 벗어났지만, LG와 대우는 기업의 바람직한 이미지에서 긍정적인 인식을 받고 있는 것으로 나타났다.

3)번의 지각도는 요인 1(기업의 외적 매력)과 요인 4(기업의 소비자 복지기여도)를 나타낸 것으로, 삼성이 이상적 방향에 가장 가까우므로 기업 외적 매력과 소비자 복지 기여 면에서 바람직한 기업이라 인식되고 있음을 알 수 있다. 또 현대는 요인 1인 외적 매력에, LG와 SK은 요인 4인 소비자 복지 기여도에 비교적 좋은 인식을 받고 있는 것으로 나타났다. 그러나 SK은 기업의 외적매력에서 낮은 평가를 받고 있었다.

4)번의 지각도는 요인 2(기업의 마케팅 능력)와 요인 3(기업의 바람직한 이미지)을 나타낸 것으로, 지각도에서는 LG가 이상적 방향과 가까우므로 기업의 마케팅 능력과 바람직한 기업 이미지가 잘 조화된 것으로 나타내고 있다. 또 삼성은 기업의 마케팅 능력을 한번 더 인정받고 있나 기업의 바람직한 이미지는 LG에 비해 부족한 것으로 나타났으며, 대우와 현대는 기업의 바람직한 이미지에 긍정적 인식을 받고 있다. 한편, SK은 기업의 마케팅 능력에서 저조한 평가를 받고 있다.

5)번의 지각도는 요인 2(기업의 마케팅 능력)와 요인 4(기업의 소비자 복지 기여도)의 지각도를 나타낸 것으로, 대체로 삼성과 LG가 이상적 방향에 가깝기 때문에 마케팅 능력과 소비자 복지 기여도 측면에서 잘 조화된 기업으로 인식되고 있다. 또 SK은 기업의 소비자 복지 기여도 측면에서 긍정적 인식을 나타내고 있다.

6)번의 요인 3(기업의 바람직한 이미지)과 요인 4(기업의 소비자 복지 기여도)의 지각도를 보면, LG 기업이 이상적 방향에 가장 근접해 있어 두

요인에 긍정적인 인식을 나타내고 있으며, 현대와 대우는 기업의 바람직한 이미지에 더 좋은 인식을 나타냈으며, SK은 기업의 복지 기여도에 더 긍정적인 인식을 나타내고 있음을 알 수 있다. 하지만 전반적으로 다른 요인보다는 5개의 기업들이 모두 저조한 인식을 받고 있는 것으로 나타났다.

전체적으로 평가해보면, 삼성은 기업의 외적 매력과 마케팅 능력, 소비자 복지 기여 면에서 호의적인 이미지를 갖고 있으며, 현대는 외적 매력에서 좋은 기업으로 인식되고 있으며, 대우는 비교적 바람직한 이미지를 많이 갖고 있고, LG는 바람직한 이미지, 기업의 마케팅 능력에서 좋은 것으로 평가받고 있고, SK은 소비자 복지 기여도를 충족하는 기업으로 나타났다.

이 장에서는 다음 장의 연구문제인 Sethi의 세 가지 기업광고 분류가 일반 소비자들의 인식에 어떤 영향을 줄 것인가를 연구하기 위해 사전조사로 구체적인 5대 기업의 기업광고 이미지를 분석하였다.

다음 제5장에서는 Sethi의 세 가지 기업광고 분류에 따라 어떤 연구문제와 가설을 설정하였는가를 설명하고, 앞에서 밝힌 각 기업에 대해 갖고 있는 이미지와 Sethi 연구의 세 가지 기업광고 유형에 따른 이미지가 서로 연관성이 있는가를 알아보기로 한다.

# 제5장 기업 이미지 광고의 영향에 관한 연구

## 제1절 기업광고의 추세분석

### 1. 분석 대상 광고 선정

본 연구는 기업광고 메시지가 기업 이미지에 어떤 영향을 미치는가에 대한 평가 연구를 위한 것이며, 이를 위해 기업광고 매체와 기간을 다음과 같이 선정하였다.

매체는 인쇄매체를 선정하고, 그중 일간지에 실린 기업광고만을 다루었다. 인쇄매체의 일간지를 선정한 이유는 다음과 같다.

첫째, 인쇄매체는 전파매체보다 기업의 소구내용을 보다 정확하고, 자세하게 그리고 폭넓게 전달할 수 있기 때문에 기업의 메시지를 분석하는 데 보다 용이하다.

둘째, 인쇄매체 중 일간지는 공중에 대한 이해와 설득이 요구되는 기업 광고에 가장 적절하다고 판단되었기 때문이다. 일간지는 배포영역이 전국이므로 공중을 상대로 하는 기업광고의 매체로서 가장 보편성을 가질 수 있다.

셋째, 일간지는 매체성격상 광고가 나가는 즉시 그 효과를 알아볼 수 있고, 대중의 관심이 높은 사회환경 문제에 즉각적으로 적절하게 대응할 수 있다는 점이다. 그렇기 때문에 기업광고의 내용을 담는 매체로서 가장 효과적인 면이 있다.

분석할 기업광고 자료는 제일기획사의 애드브레인 신문광고 축쇄판을 기본으로 이용하였다. 이는 애드브레인이 우리나라에 나오는 모든 인쇄광고

를 월별로 분류해 수집해 놓았기 때문에 거의 모든 인쇄매체의 기업광고를
볼 수 있기 때문이다.


## 2. 인쇄광고 대상의 기간

기간은 1990년대 초반과 후반으로 나누었다. 초반은 90, 91, 92년의 인쇄
광고이며, 후반은 95, 96, 97, 98년으로 잡아 90년대의 전체적인 흐름과 함
께 광고 메시지의 유형을 시기별로 알아보았다. 또 1년간의 모든 광고를
처리하기란 힘들기 때문에 각 연도의 3달을 무작위로 뽑아 그 광고 중 광
고메시지의 유형대로 나누어 보았다. 여기서 기간을 90년대로 한 이유는
90년대 초 시장개방과 공산권과의 수교 등 정치, 경제적 큰 변화가 일어났
으며, 환경문제, 공해문제, 소비자운동, 기업의 특색 있는 소비자활동 등으
로 사회문화적인 변화가 많았기 때문이다.


## 3. 인쇄광고의 선정기준

첫째, 분석광고들을 각 메시지 유형별 나누고 이들의 경향을 분석한다.
대기업은 현대, 삼성, LG, 대우, SK로 선정하였으며, 대기업을 제외한 나
머지 중소기업은 연구 대상에서 제외하였다. 그 이유는 <표 5-1>과 <표
5-2>에서도 나타난 바와 같이 우리나라 기업의 대표주자라 할 수 있을 정
도로 기업 매출액, 기업광고비에서 상위를 차지하여, 우리나라 기업환경과
광고환경에 큰 영향력을 끼쳐왔기 때문이다. 이와 같이 우리나라의 대표라
할 수 있는 기업들 중 상위 5개 기업을 선정하였다.
둘째, 각 인쇄광고 중 선거나 국가의 대내외적 정책지원 등 정부를 직간
접으로 지원하는 기업광고와 공익광고는 제외시켰다.

<표 5-1> 6대 기업 순위표(금융업제외, 매출액순)

| 순위 | 1988 | 1989 | 1990 | 1991 | 1992 | 1993 | 1994 | 1995 | 1996 | 1997 | 1998 |
|---|---|---|---|---|---|---|---|---|---|---|---|
| 1 | 현대 | 현대 | 현대 | 현대 | 현대 | 현대 | 현대 | 현대 | 삼성 | 현대 | 삼성 |
| 2 | 삼성 | 삼성 | 삼성 | 삼성 | 삼성 | 삼성 | 삼성 | 삼성 | LG | 삼성 | 현대 |
| 3 | LG | LG | LG | LG | LG | LG | LG | LG | 대우 | LG | LG |
| 4 | 대우 | 대우 | 대우 | 대우 | 대우 | 대우 | 대우 | 대우 | 현대 | 대우 | 대우 |
| 5 | SK | SK | SK | SK | SK | SK | SK | SK | SK | SK | SK |
| 6 | 쌍용 | 쌍용 | 쌍용 | 쌍용 | 쌍용 | 쌍용 | 쌍용 | 쌍용 | 쌍용 | 쌍용 | 쌍용 |

(자료: 96, 97, 98, 99년판 한국 30대재벌 재무분석, 신산업경영원)

<표 5-2> 6대 기업광고비 순위표

| 순위 | 1988 | 1989 | 1990 | 1991 | 1992 | 1993 | 1994 | 1995 | 1996 | 1997 | 1998 |
|---|---|---|---|---|---|---|---|---|---|---|---|
| 1 | SK | SK | 대우 | 현대 | 현대 | 삼성 | 삼성 | 현대 | 삼성 | 삼성 | 삼성 |
| 2 | LG | 대우 | 현대 | 삼성 | 삼성 | 현대 | LG | LG | LG | SK | SK |
| 3 | 대우 | LG | SK | 대우 | SK | LG | 대우 | 삼성 | 대우 | 대우 | 대우 |
| 4 | 삼성 | 현대 | 삼성 | SK | 대우 | 대우 | SK | 쌍용 | 현대 | 현대 | 현대 |
| 5 | 현대 | 삼성 | LG | LG | LG | SK | 현대 | 대우 | SK | LG | LG |
| 6 | 쌍용 | 쌍용 | 쌍용 | 쌍용 | 쌍용 | 쌍용 | 쌍용 | SK | 쌍용 | 쌍용 | 쌍용 |

(자료원: 제일기획 데이터뱅크, 광고계동향)

# 제2절  기업광고의 시기별 분석

기업광고 유형에는 여러 가지가 있으나 본 연구에서는 Sethi가 주장하는 세 가지 광고유형(계몽/휴머니즘, 기업과시적, 사회책임적)으로 나눠 시기별 분석을 해보았다.

본 연구에서 Sethi의 세 가지 광고유형으로 분석하고자 하는 이유는 기존 연구에서 예를 들면, Winters의 연구[96])에서는 기업광고가 사회활동과 기부라는 두 개 요인으로 나누어지고, 다른 연구에서 보편적으로 나타나는 기업 특성관련 요인은 나타나지 않고 있다. 또한 신중진의 연구[97])에서는 다른 연구에서 보편적으로 나타나는 제품 또는 마케팅 요인이 나타나지 않고 있다. 기존 연구가 다소 차이는 있지만 일관성 있게 제시되는 주요한 유형으로 제품관련 기업 이미지와 사회공헌적 기업 이미지를 들 수 있다. 제품관련 기업 이미지는 제품요소, 서비스, 마케팅 요소 등 앞선 연구에서 한결같이 제시되고 있다. 한편, 사회공헌적 기업 이미지는 윈터스(Winters)가 제시한 이래로 꾸준하게 연구되고 있다. 나머지 다른 유형의 기업 이미지는 기업 내부적 또는 외부적 특성(personality)과 관련된 것으로 분류할 수 있다.

이런 분류로 Sethi가 주장하는 기업광고 유형, 즉 계몽/휴머니즘 광고, 기업과시적 광고, 사회책임적 광고가 있으며, 우리나라 기업광고의 유형 분류에도 이런 분류를 기초로 하고 있다. 그 예로, 유봉로[98])는 애고심 창출 기업광고, PR 기업광고, 공중봉사 기업광고, 사회적 책임 기업광고로 구분하고 있으며, 구자휘[99])는 1986년에서 1995년까지의 4대 그룹의 기업광고를 기업 범주, 소비자 범주, 한국사회 범주로 나누고 있다. 그러나 기업 이미지 형성에 대한 영향이나 요인은 다루지 않고 있다. 따라서 Sethi의 기업광고 유형에 따라 기업 이미지가 어떻게 형성되는가를 연구하는 것이 의의가 있다고 생각하며, Sethi의 세 가지 기업광고 유형에 따라 본 연구문제와 가설을 설정해 분석하고자 한다.

Sethi의 기업광고 유형에 따라 연구자가 90년대 초반과 후반의 기업 인

---

96) Winters, Lewis C., "The Effects of Bradn Advertising or Company Image: Implications for Corporate Advertising", *Journal of Advertising Research*, 1986(Apr/May), pp.55-56.
97) 신중진, "기업 이미지와 제품선택에 관한 실증적 연구", 고려대학교 경영대학원 석사학위 논문, 1989, p.34.
98) 유봉로, *신광고론*, 일조각, 1993, pp.269-271.
99) 구자휘, "우리나라 기업광고의 추세연구: 대기업 그룹광고를 중심으로", 고려대학교 언론대학원 석사학위논문, 1997, pp.28-31.

쇄매체 광고를 분석해 본 바에 의하면 대체로 기업과시적 광고가 많으며 그 다음으로 사회책임적 광고가 많은 것을 알 수 있다 (<표 5-3> 참조).

<표 5-3>에서와 같이 대기업과 중소기업[100]별로 보면 대기업의 기업광고 형태는 기업과시적 광고 형태가 주를 이루며, 중소기업은 계몽/휴머니즘과 기업과시적 광고 형태가 대부분이다.

시기별로 보면 90년대 초반기(여기서는 90, 91, 92년)에는 기업과시적 광고가 대부분이며, 90년대 후반기(여기서는 95, 96, 97, 98년)에도 기업과시적 광고형태가 많다. 그러나 후반기에 들어서서는 사회책임적 광고형태가 더 많아지고 있음을 알 수 있으며, 특히 대기업의 사회책임적 광고형태가 늘어남을 볼 수 있다. 또 특히 사회환경적 영향을 받아 98년에는 기업과시적 광고가 늘어남을 알 수 있다[101]([광고 1, 2] 참조).

<표 5-3> 기업광고형태별 현황 분석

| 광고 형태 | 90 | | 91 | | 92 | | 95 | | 96 | | 97 | | 98 | |
|---|---|---|---|---|---|---|---|---|---|---|---|---|---|---|
| | 대기업 | 중소기업 | 대기업 | 중소기업 | 대기업 | 중소기업 | 대기업 | 중소기업 | 대기업 | 중소기업 | 대기업 | 중소기업 | 대기업 | 중소기업 |
| 계몽/휴머니즘 | 0 | 3.4% | 0.7% | 5.8% | 0 | 2% | 3.9% | 9.6% | 2.9% | 2.3% | 2.1% | 0.5% | 19% | 12% |
| 기업과시적 | 13% | 53% | 0.7% | 5.1% | 0 | 2% | 14% | 4% | 14% | 19% | 2.1% | 0.5% | 21% | 22% |
| 사회책임적 | 0.9% | 17% | 1.5% | 19.5% | 5.5% | 11.5% | 13% | 15% | 8% | 13% | 2.6% | 7.4% | 18% | 7% |

(자료: 제일기획 애드브레인을 연구자가 분류)

---

100) 중소기업은 <표 5-1>과 <표 5-2>에서 제시한 6대 기업을 제외한 나머지 기업으로 분류함.
101) <표 5-3>에서 분류한 결과는 연구자가 편의상 90년대 초반과 후반으로 나누어 분류한 결과임.

[광고 1] 90년대 전반기 광고의 전형적 유형

1-1 계몽/ 휴머니즘 광고

## 1-2 기업과시적 광고

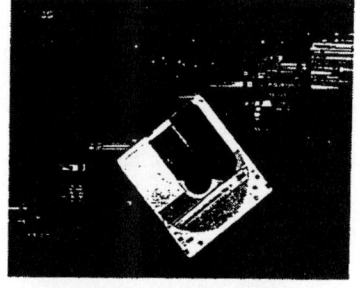

1-3 사회책임적 광고

[광고 2] 90년대 후반기 전형적 광고 유형

2-1 계몽/ 휴머니즘 광고

# 사랑을 나누는 큰나라를 만들어갑니다

대우는 무의촌 의료사업을 통해 사랑을 실천하고 있습니다

지난 18년간 무의촌에
의료혜택을 베풀어 온 대우 -
늘 한결같은 마음으로, 무주병원을
비롯한 4개 지역 낙도 의료사업을
펼쳐갑니다.
사랑은 마음의 병을 치료합니다.

사랑을 함께 나누는 -
## 대우가 있습니다

## 2-2 기업과시적 광고

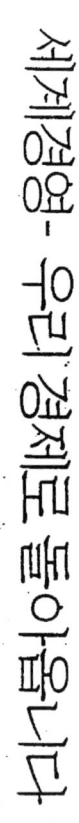

## 2-3 사회책임적 광고

# 제3절   연구목적과 연구문제

## 1. 연구목적

본 연구의 연구문제는 Sethi의 기업광고의 분류를 기초로 하여 계몽/휴머니즘 기업광고와 기업과시적 기업광고, 사회책임적 기업광고 등 세 가지 메시지 요인별 기업광고가 호의적인 기업 이미지 형성에 어떤 영향을 미치는가를 알아봄으로써 효과적인 기업 이미지 구축을 위한 기업광고의 유효한 시사점을 얻고자 한다.

## 2. 연구문제

연구문제 1: 계몽/휴머니즘 기업광고와 기업과시적 기업광고, 사회책임적 기업광고 등 세 가지 유형의 기업광고가 어떻게 차별적으로 기업 이미지 형성에 영향을 미치는가?

연구문제 2: 계몽/휴머니즘 기업광고와 기업과시적 기업광고, 사회책임적 기업광고 등 세 가지 메시지 유형의 기업광고가 어떻게 차별적으로 광고반응을 일으키는가?

Sethi에 의하면 기업광고는 다음과 같이 분류될 수 있다.[102]

(1) 계몽/휴머니즘 광고(enlightment/humanism-goodwill advertisement): 주된 의도는 기업에 대한 호의를 조성하기 위한 것으로 기업체의 식별은 최소로 하는 것이다.

---

102) Seith, S. Prakash, "Advertising-The American Experience", *California Management Review, Vol. 21*(Fall 1978), pp.74-78.

(2) 기업과시적 광고(name identification advertisement): 기업명, 기업의 특성, 우수성 등을 알려서 고객, 공급자, 종업원 등에게 인식되도록 하는 기업광고이다.

(3) 사회책임적 광고(public responsbility identification advertisement): 대중들에게 기업이 하고 있는 활동을 전달하려는 것으로 광고에서는 기업과 기업이 하고 있는 활동을 중심으로 기술한다.

이런 광고 메시지의 유형에 따라 본 연구의 실험을 위해 세 가지 유형에 대표적인 광고를 선정하였다. 이 세 가지 광고를 4장에서도 설명한 바와 같이 잘 알려진 5개 기업(삼성, LG, 현대, 대우, SK)으로 광고를 다시 만들어 실증연구에 쓰인다.

광고 메시지 유형별로 분류해 보면 다음과 같다 ([광고 3] 참조).

(1) 계몽/휴머니즘 광고 메시지

"올해 0000는 고객 여러분과 함께 165억 원을 어려운 이웃을 위해 후원했습니다"로 호의적인 기업 이미지를 전달해줄 수 있고, 기업이 사회와 복지후생에 힘쓰고 있음을 나타내 줌으로써 대중에게 좋은 이미지를 갖게 할 수 있다.

(2) 기업과시적 광고 메시지

"기술 0000, 그 뿌리는 깊고 튼튼합니다"

이는 기업명과 함께 그 기업의 활동과 기술, 기타 기업의 우수성을 대중에게 알림으로써 좋은 기업 이미지를 전달하고자 한다.

(3) 사회책임적 광고 메시지

"작은 공원의 큰 외침,

1919년 3월 1일, 나라를 되찾기 위해 입을 모아 외쳤습니다.

1997년 오늘, 경제를 살리기 위해 힘을 모아야 할 때입니다."

이 메시지는 경제가 어려운 시기적인 이슈를 내세워 이를 같이 해결하고자 하는 노력이 나타나 있으며, 이런 노력의 일환으로 기업이 어떤 활동을 전개할 것인지를 알려주고 있다.

[광고 3] 광고 메시지 유형별 선정 광고

3-1 계몽/휴머니즘 광고

3-2 기업과시적 광고

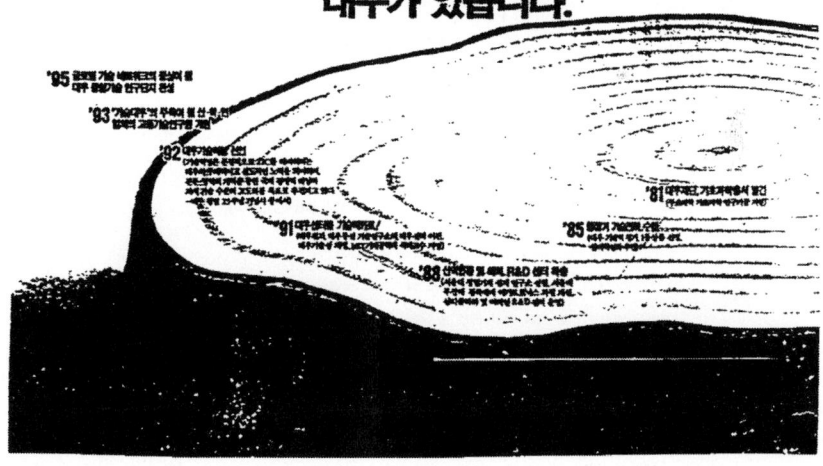

## 3-3 사회책임적 광고

# "작은 공원의 큰 외침"

**1919년 3월 1일,**
**나라를 되찾기 위해 입을 모아 외쳤습니다.**

"대한독립 만세! 대한독립 만세! 대한독립 만세!" 천지를 뒤흔드는 외침이었습니다.

기미년 삼월 초하루 오후 2시, 파고다공원에 모인 수천명의 시민과 학생들은 만세삼창을 외치고 물결처럼 거리로 달려 나갔습니다. 나라를 잃은 한맺힌 설움에 독립만세를 연호하는 거리의 인파는 삽시간에 전국으로 퍼졌고, 이는 우리의 독립 의사를 세계만방에 알리는 도화선이 되었습니다.

그날의 역사는 오늘을 사는 우리에게 잊혀져 가는 국가의 소중함을 다시 일깨워줍니다.

**1997년 오늘,**
**경제를 살리기 위해 힘을 모아야 할 때입니다.**

나라가 어려울 때일수록 국민 모두가 힘을 모아야 합니다.

1인당 국민소득 1만불 시대를 맞이함에도 불구하고, 날년째 쌓여가는 무역적자와 전쟁을 방불케 하는 세계 시장 환경 등 우리 국민이 극복해야 할 장애물은 점점 높아지고 있습니다. 전국민이 하나로 뭉쳐 국가경제를 살림으로써 세계속에 한국의 이름을 떨치는것은 나라를 되찾기위해 파흘린 애국지사들의 뜻을 계승하는 길입니다. 그토록 소중했던 조국의 독립을 계승한 기술 독립과 경제 발전- 우리손으로 만든 자동차로 세계 190여개국을 달리는 현대자동차가 이루어 가겠습니다.

# 제4절   연구가설과 연구방법

본 연구를 위해 다음과 같은 연구가설을 설정하였다.

## 1. 기업 이미지에 대한 연구가설

연구문제 1: 계몽/휴머니즘 기업광고와 기업과시적 기업광고, 사회책임
　　　　　적 기업광고 등 세 가지 유형의 기업광고가 어떻게 차별적
　　　　　으로 기업 이미지 형성에 영향을 미치는가?

1-1　계몽/휴머니즘 광고는 사회책임적 광고와 기업과시적 광고보다 기
　　업 특성(personality)[103]에 더 영향을 줄 것이다.

기업 이미지 광고는 일반 대중이 기업 이름이나 기업이 관여하고 있는
활동들을 주목하고 인지하도록 하기 위한 것이다. 이러한 광고는 전통적으
로 호감을 주려는 기업광고의 유형이다. 따라서 위의 3가지 가설은 Sethi가
주장한 광고의 3유형(계몽/휴머니즘, 기업 과시적, 사회책임적 광고)이 각
각 기업에 어떤 영향을 줄 것인가에 대한 연구를 위한 가설로, 1-1의 가설
은 대중들에게 친근감과 호의를 주는 계몽/휴머니즘 광고나 사회책임적 광
고는 기업의 성과나 정보를 알리려는 기업과시적 광고보다는 기업의 이미
지나 특성(personality)에 더 영향을 줄 것이라 생각되어 설정하였다. 기업
특성은 사람들이 기업에 관하여 갖는 기업 개성이다. 따라서 기업의 성격
과 같이 그 기업의 사회적 인상이라 할 수 있으며, 기업 주변 사람들이 기
업과의 관계를 지속할 때 스스로의 이미지로서 기업을 판단한다. 즉, 기업

---

103) 기업 특성(personality)은 기업이 갖는 각각의 고유한 감정적 이미지를 일
　　컬음.

의 특성은 기업이 행하는 어떤 것이 아니라 기업의 행동에 의해 발생하는 다른 사람들이 갖는 판단이다. 기업 이미지의 발전에는 인간의 모든 감각이 동원되며, 그 결과 얻어지는 인상은 논리적이기보다 정감적인 것이다.

이런 기업 이미지는 결과적으로 기업에 대한 사람들의 긍정적 혹은 부정적 태도를 나타내는데 바로 기업의 행동에 대한 사람들의 반응이다. 따라서 위의 1-1 가설은 기업 이미지와 특성(personality) 형성에 정보를 주는 기업과시적 광고보다는 계몽/휴머니즘 광고나 사회책임적 광고가 더 영향을 줄 것이다.

　1-2　사회책임적 광고는 계몽/휴머니즘 광고보다 기업의 사회복지 기여　　　측면에 더 영향을 줄 것이다.

1-2의 가설은 사회책임적 광고가 제품명이나 기업명을 내세우지 않고 사회복지나 중요한 사회문제에 대한 아이디어를 제시함으로써 공공에 기여하고자 하는 기업광고이므로 계몽/휴머니즘 광고나 기업 과시적 광고보다는 사회로의 환원이나 복지 측면에서 더 영향을 끼칠 것이라 생각되어 이 같은 가설을 설정하였다.

　1-3　기업과시적 광고는 계몽/휴머니즘 광고와 사회책임적 광고보다 기　　　업의 마케팅 측면에 더 영향을 줄 것이다.

1-3의 가설은 마케팅 측면에서 3가지 유형의 광고 중 어떤 것이 더 영향을 줄 것인가를 파악하기 위한 것으로 마케팅 활동에 더 영향을 미치는 것은 이미지나 감성에 호소하는 계몽/휴머니즘과 사회책임적 광고보다 기업의 각 활동 내용과 정보가 될 수 있는 기업과시적인 광고라 생각되어 설정하였다.

## 2. 광고태도에 관한 연구가설

연구문제 2: 계몽/휴머니즘 기업광고와 기업과시적 기업광고, 사회책임
      적 기업광고 등 세 가지 메시지 유형의 기업광고가 어떻게
      차별적으로 광고반응을 일으키는가?

2-1  계몽/휴머니즘 광고와 사회책임적 광고는 기업과시적 광고보다 더
   많은 광고에 대한 호감을 불러일으킬 것이다.

위의 2-1의 가설은 계몽적이거나 휴머니즘적인 요소를 가진 광고, 또 사
회복지나 사회환원 측면의 사회책임적 광고는 사회적으로 기업의 이미지
광고경향과 기업 이윤의 사회로의 환원에 대한 여론이 높아짐에 따라 기업
과시적인 광고보다 대중들에게 더 친근할 수 있는 광고라 생각되고 호감을
불러일으킬 것이라 생각되어 가설을 설정하였다. 즉, 계몽/휴머니즘적 광고
는 주된 의도가 호의를 창출하는 것이고 기업의 실체는 최소한으로 인식시
키는 것이기 때문에 호감을 줄 수 있고, 사회책임적 광고는 기존 또는 잠
재고객, 공급업자, 투자자, 종업원, 지역주민단체 등이 기업이나 그 기업에
서 만드는 제품과 서비스에 대해서 긍정적 이미지를 형성하도록 하는 것이
므로 그 메시지가 사회적 유용성과 공공이익, 공공 이해와 관련되어진다면
긍정적인 기업 이미지를 형성할 수 있을 것이다.

2-2  계몽/휴머니즘 광고와 사회책임적 광고는 기업 과시적 광고에 비해
   광고에 대한 부정적 이미지를 줄일 것이다.

2-2 가설은 대중들에게 호감을 줄 수 있다고 생각되는 계몽/휴머니즘 광
고와 사회책임적 광고는 강한 긍정적 기업 이미지를 심어 줄 수 있기 때문
에 강한 긍정적이고 호감 있는 기업 이미지는 기업의 부정적 이미지를 줄
여 줄 것이라 생각하므로 설정하였다.

기업의 활동이 영리가 우선이 아니라 인간에 바탕을 둔 기업이라는 이미지와 기업 활동이 공공의 이익에 기여하고 있다는 메시지는 간접적으로 공공의 이해에 대한 해결책이 될 수 있음을 알리는 것이다. 그러므로 이런 기업 이미지 형성은 기업의 다른 부정적인 이미지를 상쇄하거나 줄여 줄 것이다.

2-3  기업과시적 광고는 계몽/휴머니즘 광고와 사회책임적 광고보다 기업에 대한 내용전달을 더 잘 할 것이다.

2-3의 가설은 이미지적이고 감성에 호소하기 쉬운 계몽/휴머니즘 광고나 사회책임적 광고는 자칫 기업의 내용과 정보를 명확히 전달하기 어려울 것이다. 따라서 기업의 광고내용과 정보전달은 기업과시적인 광고가 대중들에게 더 확실하게 전달될 것이므로 이에 가설을 설정하였다.

기업과시적인 광고는 기업명, 기업의 특성, 기업의 우수성 등을 알려서 기존고객과 잠재고객, 공급업자, 종업원, 투자가들이 기업의 이름과 로고에 관심을 갖고 인식하도록 설계되었기 때문에 이 광고는 전형적인 상업광고의 목적인 구체적인 제품과 서비스에 대해 다루기보다는 기업광고주의 구체적 특성이나 기업의 특성을 다룬다. 그러므로 대중들에게 이미지형 광고보다는 객관적이고 현실적인 정보형의 기업 과시적인 광고가 기업의 내용과 정보를 대중에게 확실하게 전달할 수 있다.


## 3. 연구방법

본 연구의 방법은 설문지법을 이용한 조사로서 연구를 위한 예비조사 즉, 1차 조사와 2차 조사로 나누어 그 결과를 분석하고자 한다.

예비조사인 1차 조사는 5대 기업(삼성, 현대, LG, 대우, SK)의 이미지 분석을 위한 것으로서, 조사와 그 결과분석을 앞에서 밝혔고, 2차 조사는 광고의 3가지 유형에 대한 광고태도가 각 기업에 미치는 영향에 대해 조사해 보고자 한다.

2차조사에서는 1차조사와 마찬가지로 무작위추출에 의해 수도권에 거주하는 20대에서 50대에 이르는 360명을 표본으로 했으며, 1998년 9월과 10월에 배포, 회수되어 무성의하거나 잘못 작성된 설문을 제외한 340개의 설문을 분석하였다.

설문지는 1차조사에서 사용된 22개 문항 중 기업 이미지와 관련된 인지적, 감성적인 내용으로 10개와 18개 질문 문항을 작성하였다. 또한 세시(Sethi)의 세 가지 광고유형에 맞는 대표적 기업광고를 가지고 각각 5개의 기업명(현대, 삼성, LG, 대우, 선경(SK))으로 바꾸어 재편성한 광고를 실험대상자들에게 노출시켰다.

2차 조사를 위한 설문지 설계는 다음 <표 5-4>와 같다.

<표 5-4>와 같은 설문지 설계를 통해 설문을 작성하고, 이 조사를 위해 광고물을 제시해 이에 대한 광고반응을 측정한다. 또 광고물의 기업 이미지에 대한 영향력을 평가하기 위해 광고물에 2번 노출시켜 재인식에 도움을 주고 정확한 측정을 위해 유도하였는데, 이는 1번 노출시킨 경우보다 광고물의 영향력이 더 잘 반영될 수 있을 것이기 때문이다. 이렇게 제시된 광고물을 통해 기업 이미지를 측정할 수 있도록 설계하였다.

<표 5-4> 기업 이미지 광고가 기업특성에 미치는 영향연구에 대한 설문지 설계

| | |
|---|---|
| 기업 이미지 | * 기업 personality(특성) 측정 지표 - 안정성, 신뢰성, 친근감, 성실성, 호감, 고객사랑<br>* 기업의 마케팅 측면 - 기술, 국제경쟁력, 판매력, 신 제품개발, 연구개발, 광고/선전<br>* 사회복지 기여 측면 - 사회공헌도, 소비자문제해결, 사회적 책임완수, 사회복지 기여도, 국가경제 기여도, 공해방지 등 환경문제에 대한 관심도 |
| 광고반응 | * 호감, 친근감<br>* 부정적 이미지 - 광고가 과대평가 되었다, 불신감을 갖게 한다<br>* 기업내용 전달 - 기업의 장점이 잘 표현되었다, 기업에 대한 이해를 돕는다<br>* 광고 크리에이티브에 관한 반응 - 독특하다, 신선하다, 창의적이다, 현실감이 있다 |

# 제5절    연구결과

## 1. 기업 이미지와 광고 반응에 대한 요인분석

기업 이미지 광고가 기업의 특성에 미치는 영향을 알아보기 위해 우선 광고의 기업 이미지 반응과 광고 반응이 어떤 요인으로 분류되며, 각 요인들은 어떤 속성으로 이뤄지는가에 대한 요인분석을 실시하였다.

먼저 광고에 나타난 기업 이미지에 대한 요인을 묶어 직교회전인 베리맥스(varimax) 회전을 시킨 결과, 각 요인들과 속성들 간의 요인 적재값(factor loadings)은 <표 5-5>와 같다.

광고에 나타난 기업 이미지 속성의 요인분류를 보면, <표 5-5>에서와 같이 다음과 같은 3가지 요인으로 분류할 수 있다.

요인1은 기업의 안정성과 신뢰성, 친근감, 성실성, 호감, 기술 등과 같은 속성에 높은 요인 적재값이 부여되어, 이런 속성들을 광고에 나타난 기업의 특성(personality)으로 분류하였다.

요인2는 기업의 고객서비스, 국제경쟁력, 판매력, 신제품개발, 연구개발과 같은 속성에 높은 요인 적재값이 나타나, 광고에 나타난 기업의 마케팅 측면요인으로 분류하였다.

요인3은 기업의 사회공헌도, 소비자문제에 성실함, 사회적 책임완수, 사회복지기여, 공해방지 노력 등의 요인에 높은 요인 적재값을 보여, 광고에 나타난 기업의 사회복지 기여측면 요인으로 분류하였다.

### <표 5-5> 광고에 나타난 기업 이미지 속성에 따른 요인분석

| 속 성 | 요 인 1 | 요 인 2 | 요 인 3 |
|---|---|---|---|
| 안정성 | .642 | | |
| 신뢰성 | .775 | | |
| 친근감 | .725 | | |
| 성실함 | .627 | | |
| 호 감 | .757 | | |
| 기 술 | .610 | | |
| 고객서비스 | | .682 | |
| 국제경쟁력 | | .758 | |
| 판매력 | | .674 | |
| 신제품개발 | | .788 | |
| 연구개발 | | .757 | |
| 사회공헌도 | | | .654 |
| 소비자문제에 성실 | | | .645 |
| 사회적 책임완수 | | | .785 |
| 사회복지기여 | | | .806 |
| 공해방지 노력 | | | .669 |

다음으로 소비자들의 광고반응에 대한 속성을 요인으로 분류하여, 직교
회전인 베리맥스(varimax)시킨 결과, <표 5-6>에 나타난 것과 같이 3가지
요인으로 분류되었다.

요인1은 광고의 반응으로 호감, 친근감, 신선감, 독특함, 창의적인 광고
크리에이티브에 대한 요인으로 분류되었으며, 이에 대한 요인 적재값이 높
게 나타났다.

요인2는 현실감과 기업의 장점 표현과 기업에 대한 이해 측면에 높은 요
인 적재값을 나타내, 기업 내용전달 요인으로 분류하였다.

요인3은 과대평가와 불신감이 높은 요인 적재값으로 나타나, 기업의 부
정적 이미지 요인으로 분류하였다.

<표 5-6> 소비자들의 광고반응에 대한 속성 요인분석

| 속 성 | 요 인 1 | 요 인 2 | 요 인 3 |
|---|---|---|---|
| 호 감 | .639 | | |
| 친근감 | .650 | | |
| 신선감 | .847 | | |
| 독특함 | .886 | | |
| 창의적 | .800 | | |
| 현실감 | | .479 | |
| 기업의 장점표현 | | .854 | |
| 기업의 이해 | | .853 | |
| 과대평가 | | | .765 |
| 불신감 | | | .847 |

이와 같이 요인분석에 의해 각 설문지 문항을 3가지 요인으로 분류해 보았다. 분류해 본 결과, 앞에서 밝힌 설문지 설계에서 분류한 것과 같이 요인분석에서도 비슷하게 분류됨을 알 수 있다.


## 2. 기업 이미지와 광고반응과의 상관분석

기업 이미지의 각 요인과 광고반응의 각 요인과의 관계를 알아보기 위해 상관분석을 실시하였다. 각 요인 간 어떤 관계를 갖고 있는지, 광고에 나타난 기업 이미지와 광고반응과의 각 요인의 변화에 따라 어떤 영향을 미치는지 알아보기 위한 분석이다. 분석결과는 <표 5-7>과 같다.

<표 5-7> 광고에 나타난 기업 이미지와 광고태도와의 상관분석

| 광고태도 / 기업 이미지 | 광고 크리에이티브 | 광고 내용 | 부정적 이미지 |
|---|---|---|---|
| 기업특성 (personality) | .393** | .294** | .177** |
| 기업 마케팅 | .183** | .301** | .0 |
| 사회적 기여 | .308** | .210** | .042 |

** 는 서로 상관관계가 있음을 나타낸다.

<표 5-7>과 같이 광고에 나타난 기업 특성 요인과 광고 크리에이티브, 광고 내용, 부정적 이미지 요인이 상관관계가 있음을 알 수 있다. 즉, 기업의 특성은 광고 반응의 3요인, 광고 크리에이티브, 광고 내용, 부정적 이미지가 영향을 미친다.

기업 마케팅 요인은 광고 반응의 광고 크리에이티브 요인과 광고 내용 요인이 상관관계가 있다. 그러므로 기업 마케팅 요인에 광고 크리에이티브와 광고 내용 요인이 영향을 끼친다고 생각할 수 있다.

또 기업 이미지의 기업의 사회적 기여요인도 광고 반응의 광고 크리에이티브 요인과 광고 내용 요인과 상관관계가 있다.

이에 따라 기업 이미지의 기업 특성, 기업 마케팅, 기업의 사회적 기여 요인은 광고 태도의 광고 크리에이티브, 광고 내용 요인이 영향을 미치며, 특히 기업 특성은 광고 반응의 부정적 이미지 요인에도 영향을 받게 됨을 알 수 있다.

## 3. 세 가지 메시지별 기업광고와 기업 영향요인에 대한 분석

Sethi의 기업광고 분류에 기초한 계몽/휴머니즘 기업광고와 기업 과시적 기업광고, 사회책임적 기업광고 등 세 가지 메시지 요인별 기업광고와 5개 기업(현대, 삼성, LG, 대우, SK)의 영향 요인을 알아보기 위해 ANOVA분석과 다중비교분석을 실시하였다.

(1) 계몽/휴머니즘 기업광고와 기업광고 요인

&lt;표 5-8&gt;에 나타난 바와 같이 A, B, C 기업 중 각각 한 속성에 속한 기업을 비교할 수 있다. 따라서 광고에 나타난 기업 이미지 요인 중 기업 특성(personality)은 현대, 삼성, 대우가 다른 기업보다 이미지가 더 좋으며, 기업 마케팅 요인에서는 현대와 삼성이 다른 기업보다 더 좋은 이미지를 나타내고 있고, 기업의 사회복지 요인에서는 LG, 대우, SK이 다른 기업보다 더 이미지가 좋게 나타났다.

&lt;표 5-8&gt; 계몽/휴머니즘 기업광고와 기업광고 요인

| 요인 \ 회사 | 현 대 | 삼 성 | LG | 대 우 | S K | F값 | P값 |
|---|---|---|---|---|---|---|---|
| 기업이미지- 기업personality | -0.01 | -0.02 | 0.32 | -0.38 | 0.36 | 7.37 | .000 |
| 다중비교 | B | B | C | A | C | | |
| 기업이미지- 기업 마케팅 | -0.35 | -0.22 | 0.24 | 0.47 | 0.52 | 9.43 | .000 |
| 다중비교 | A | A | B | B | B | | |
| 기업이미지- 기업사회복지 | 0.14 | 0.09 | -0.12 | -0.25 | -0.16 | 1.53 | .193 |
| 다중비교 | A | A | A | A | A | | |
| 광고반응- 광고크리에이티브 | 0.43 | 0.22 | 0.09 | -0.09 | 0.41 | 3.79 | .005 |
| 다중비교 | B | A | A | A | B | | |
| 광고반응- 기업내용전달 | -0.007 | 0.006 | 0.48 | 0.18 | 0.22 | 2.34 | .055 |
| 다중비교 | A | A | B | AB | AB | | |
| 광고반응- 부정적이미지 | 0.07 | 0.40 | -0.08 | 0.09 | -0.38 | 5.73 | .000 |
| 다중비교 | BC | C | AB | BC | A | | |

A, B, C는 다중비교 duncan 검정으로 나타난 기업을 표시한다.

광고태도에서는 광고 크리에이티브 요인은 대우가 다른 기업보다 좋으며, 광고의 기업 내용 전달 요인에서는 현대가 다른 기업보다 좋고, 광고반응의 부정적인 이미지 요인에서는 SK가 다른 기업보다 부정적 이미지를 나타내고 있음을 알 수 있다.

따라서 계몽/휴머니즘 광고에서는 현대와 삼성 광고가 기업 특성과 기업 마케팅 요인에서 다른 기업보다 더 좋은 이미지를 나타내고 있으며, 대우는 기업 특성과 사회복지기여 요인에 더 좋은 이미지를 나타내고 있다. 반면, SK는 다른 기업보다 부정적 이미지를 나타내고 있다.

### (2) 기업과시적 광고와 기업광고 요인

<표 5-9>의 기업과시적 광고에서의 기업광고에서 나타난 바와 같이, 기업과시적 광고에서는 기업 이미지의 기업 특성 요인은 삼성과 대우가 다른 기업보다 더 좋은 이미지를 나타내며, 기업의 마케팅 요인에서는 현대와 삼성이 다른 기업보다 좋은 이미지를 나타내고 있다. 또 기업의 사회적 복지기여 요인에서는 삼성이 다른 기업보다 더 좋은 이미지를 나타내고 있다. 즉, 삼성은 다른 기업보다 기업과시적 광고에서 기업 이미지가 좋게 나타나고 있다. 광고반응에서는 광고 크리에이티브 요인에서는 삼성이, 기업 내용 전달 요인에서는 현대와 삼성이 더 좋게 나타났으며, 기업의 부정적 이미지에서는 삼성이 다른 기업보다 부정적 이미지를 갖고 있는 것으로 나타났다.

기업 과시적 광고에서는 기업의 이미지와 광고 반응이 서로 다른 양상을 띠고 있다.

<표 5-9> 기업과시적 광고와 기업광고 요인

| 요인 \ 회사 | 현 대 | 삼 성 | L G | 대 우 | S K | F값 | P값 |
|---|---|---|---|---|---|---|---|
| 기업이미지―기업personality | -0.09 | -0.38 | 0.29 | -0.27 | 0.21 | 5.728 | .000 |
| 다중비교 | AB | A | C | A | BC | | |
| 기업이미지―기업 마케팅 | -0.51 | -0.62 | 0.03 | 0.17 | 0.05 | 11.205 | .000 |
| 다중비교 | A | A | B | B | B | | |
| 기업이미지―기업사회복지 | 0.27 | 0.04 | 0.47 | 0.17 | 0.20 | 1.703 | .149 |
| 다중비교 | AB | A | B | AB | AB | | |
| 광고반응―광고크리에이티브 | 0.22 | -0.19 | 0.53 | 0.08 | 0.10 | 4.743 | .001 |
| 다중비교 | BC | A | C | AB | AB | | |
| 광고반응―기업내용전달 | -0.66 | -0.65 | 0.14 | -0.14 | -0.06 | 8.796 | .000 |
| 다중비교 | A | A | B | B | B | | |
| 광고반응―부정적이미지 | 0.16 | -0.35 | 0.01 | -0.10 | 0.42 | 6.331 | .000 |
| 다중비교 | BC | A | B | AB | C | | |

(3) 사회책임적 광고에서의 기업광고 요인

사회적 책임 광고에서는 <표 5-10>에 나타난 바와 같이 기업 이미지의 기업 특성 요인과 기업의 마케팅 요인에서는 삼성이 다른 기업보다 좋은 이미지를 나타내며, 사회복지 기여 요인에서는 대우가 다른 기업보다 이미지가 좋다.

<표 5-10> 사회책임적 광고에서의 기업광고 요인

| 요인 \ 회사 | 현 대 | 삼 성 | LG | 대 우 | S K | F값 | P값 |
|---|---|---|---|---|---|---|---|
| 기업이미지-기업personality | -0.08 | -0.30 | 0.36 | -0.22 | 0.32 | 5.789 | .000 |
| 다중비교 | A | A | B | A | B | | |
| 기업이미지-기업 마케팅 | -0.14 | -0.52 | 0.16 | 0.31 | 0.38 | 11.823 | .000 |
| 다중비교 | B | A | BC | C | C | | |
| 기업이미지-기업사회복지 | 0.008 | -0.09 | -0.45 | -0.12 | -0.19 | 1.842 | .120 |
| 다중비교 | B | B | A | AB | AB | | |
| 광고반응-광고크리에이티브 | -0.27 | -0.47 | -0.21 | -0.28 | -0.40 | 0.636 | .637 |
| 다중비교 | A | A | A | A | A | | |
| 광고반응-기업내용전달 | 0.07 | -0.20 | 0.18 | 0.008 | 0.48 | 5.642 | .000 |
| 다중비교 | AB | A | BC | AB | C | | |
| 광고반응-부정적이미지 | -0.08 | -0.001 | -0.12 | -0.33 | 0.20 | 2.653 | .033 |
| 다중비교 | AB | AB | AB | A | B | | |

광고반응에서 보면 광고 크리에이티브 요인에서는 삼성과 SK이 좋은 이미지이며, 기업 내용전달 요인에서는 삼성이 다른 기업보다 좋은 이미지를 갖고 있다. 또 광고의 부정적 이미지는 대우가 다른 기업보다 부정적 이미지를 나타내고 있다.

## 4. 차별적 기업 이미지 형성에 미치는 영향요인에 대한 분석

<표 5-11> 세 가지 광고유형에 따른 차별적 기업 이미지

| 광고유형<br>요인 | 계몽/휴머니즘 | 기업과시적 | 사회책임적 | F값 | P값 |
|---|---|---|---|---|---|
| 기업 personality | 0.07 | -0.05 | -0.01 | 1.29 | .28 |
| 다중비교 | A | A | A | | |
| 기업마케팅 | 0.12 | -0.17 | 0.05 | 8.16 | .000 |
| 다중비교 | B | A | B | | |
| 기업사회<br>복지 | -0.05 | 0.22 | -0.15 | 12.8 | .000 |
| 다중비교 | A | B | A | | |
| 광고<br>크리에이티브 | 0.22 | 0.12 | -0.33 | 30.27 | .000 |
| 다중비교 | B | B | A | | |
| 기업내용<br>전달 | 0.19 | -0.29 | 0.10 | 22.64 | .000 |
| 다중비교 | B | A | B | | |
| 부정적<br>이미지 | 0.03 | 0.03 | -0.07 | 1.33 | .265 |
| 다중비교 | A | A | A | | |

　　계몽/휴머니즘 기업광고, 기업과시적 기업광고, 사회책임적 기업광고 등 세 가지 유형의 광고가 어떻게 차별적으로 기업 이미지 형성에 영향을 미치는 가를 알아보기 위해 앞 절의 광고태도에 대한 세 가지 가설을 세웠으

며, 이 가설을 검증하기 위해 일차원적 ANOVA분석과 다중비교분석을 실시하였다.

앞 절에서 세운 연구가설은 "계몽/휴머니즘 광고와 사회책임적 광고는 기업과시적 광고보다 더 많은 광고 호감을 불러일으킬 것이며, 광고에 대한 부정적 이미지를 줄일 것이다. 또 기업과시적 광고는 계몽/휴머니즘 광고와 사회책임적 광고보다 기업에 대한 내용전달을 더 잘할 것이다"이다.

<표 5-11>에 나타나 바에 의하면, 기업 특성에 대한 요인은 기업과시적 광고와 사회책임적 광고가 이미지를 잘 전달하며, 기업과시적 광고보다는 사회책임적 광고가 기업 특성 요인에 대한 호감을 불러일으킬 수 있음을 알 수 있다. 또 기업 마케팅 측면과 기업 내용 전달면에서는 기업과시적 광고가 영향을 주는 것으로 나타났다. 기업의 사회복지 측면의 내용전달면에서는 계몽/휴머니즘과 사회책임적 광고가 이미지를 잘 전달하는 것으로 나타났으며, 이 중 계몽/휴머니즘 광고가 더 기업의 사회복지 측면의 내용 전달에 영향을 미치는 것으로 나타났다. 광고 크리에이티브와 부정적 이미지를 줄이는 측면에서는 사회책임적 광고가 영향을 끼치는 것으로 나타났다.

따라서 앞에서 제시한 가설의 분석 결과를 요약하면 다음과 같다.

<표 5-12> 기업광고 유형별 기업 이미지 형성에 미치는 영향

| 계몽/휴머니즘 광고<br>사회책임적 광고 | 광고 호감 증대<br>부정적 이미지 감소 |
| --- | --- |
| 기업과시적 광고 | 기업내용 전달에 효과적 |

위의 연구에서와 같이 광고의 메시지 유형에 따라 차별적으로 기업 이미지를 형성하는 것을 알 수 있으며, 이런 차별적 기업 메시지 유형과 각 기업별로 나타난 기업 이미지 형성 요인을 잘 파악해 광고와 마케팅 전략에 적용할 수 있다.

# 제6절   기업 이미지 전략의 방향

기업 이미지는 기업 경영의 지침으로서 장래의 방향성을 부여해주는 역할을 한다. 기업 이미지는 변화하기 쉬우나, 일단 형성되면 인위적이거나 조직적인 변경이 용이하지 않다. 즉, 기업 환경에 따라 기업 이미지를 전개해야 하므로 환경에 대응한 최적의 기업 이미지 형성요인과 전달 수단, 수정작업은 기업 이미지 전략에 있어서 필수적이다.

기업 이미지 전략은 대량 소비사회가 시작된 1960년대부터 대두되기 시작해 고도성장을 배경으로 한 기업의 확대성장전략이 주가 되었고, 기업 간의 경쟁이 심화되면서 소비자 의식이 계발되고, 소비자 활동이 활발해져 기업에 대한 불신감이 높아지기도 했다. 그러나 이제는 기업의 불신감보다는 기업에 대한 기대감이 부각되었다고 볼 수 있다. 이에 따라, 기업 영역의 개척, 국제화 추진 등이 활발해지고, 기업 이념, 기업 문화, 기업 이미지가 총체화 될 필요가 있게 되었다[104].

기업이 격변하는 사회에서 존속하고 발전하기 위해서는 시대 요청에 따른 기업이미지를 사회에 제시하고 실천할 필요가 있다. 그 동안은 기술의 우수성, 제품 차별화, 호우량기업 등의 기업 이미지가 제시되어 왔다. 그러나 급격한 주식가격의 변동, 고급화, 개성화, 고부가가치화된 상품에 대한 불만, 환경문제, 소비자들의 사회문제에 대한 관심의 고조 등을 배경으로 기업에 대한 역할 기대가 증대되는 새로운 국면을 맞이하게 되었다. 그래서 강한 기업, 현명한 기업에서 사회와의 공생을 도모하며, 사회발전에 기여하는 것을 기업 활동의 목표로 삼는 기업으로의 전환이 요구되고 있다. 즉, 사회에 수용되고, 존경받으며, 매력적인 기업의 이미지 제시가 요구되고 있다.

따라서 이러한 시기에 있어서 기업은 새로운 목표와 자세를 갖춘 경영

---

104) 김행완, "기업 이미지 형성요인과 변화에 관한 연구", 국민대학교 북악경영연구3, 1997. 12, pp.328-332.

활동을 추진해 나가야 하며, 이 때문에 기업 이미지의 새로운 창조가 과제가 되고 있다. 새로운 이미지 전략은 새로운 기업 가치의 추구라고 할 수 있으며, 이런 가치는 기업과 인간이 사회 속에서 함께 공유하는 것이어야 한다.

21세기에는 사람들이 자신에게 부여되는 상징과 가치에 더욱 많은 관심을 갖는 가치 다원화가 이루어질 것이며, 더욱 창조적이고 차별화된 이미지와 스타일을 요구할 것이다. 따라서 다가오는 시대는 상징으로서의 소비와 지식, 정보, 문화를 추구할 수 있는 기업광고와 기업 이미지가 높은 가치를 지닐 것이다. 이런 시대 변화에 따라 그 시대가 요구하는 고유한 이미지와 스타일이 대안으로 떠오를 것이며, 이미지에 익숙한 사람들이 새로운 시대의 주역이 될 것이다[105].

따라서 기업 환경 변화에 따른 기업 이미지 변화를 파악하기 위해 기업 이미지 형성 요인의 변화와 차이를 분석할 필요가 있으며, 기업의 마케팅 활동에 있어서 기업 이미지가 미치는 영향은 실로 중요하다 할 수 있다.

---

105) 변추석, "사람들의 욕망과 소비에 독특한 가치를 부여하라", 광고정보, 1999, 10, p.29.

# 제6장 결 론

　현대 기업에 있어서 일반대중의 신뢰를 얻을 수 있도록 통합적 커뮤니케이션을 이용한 기업 이미지를 형성하는 것은 매우 중요하며, 이 기업 이미지는 전체 대중들의 단 하나의 태도에 의해 형성되는 것이 아니라 기업과 밀접한 관련을 갖는 대중의 마음으로부터 형성된 여러 가지 태도들이 합성되어 나타나는 것이다.

　이런 기업 이미지는 기업내부에서 형성이 시작되어 정부, 지역사회, 소비자 등의 기업외부의 대중에게로 전파되어가며, 대중과의 원활한 의사소통을 통한 호의적 기업 이미지 형성을 위하여 기업은 대내적, 대외적 기업 커뮤니케이션 활동을 강화하여야 하는 것이다.

　이에 본 연구는 기업 이미지의 중요성을 인식하고, 기업광고를 통해 기업 이미지가 어떻게 형성되고, 기업 이미지에 어떤 영향을 주는가를 알아보고, 이에 대한 기업 이미지 전략을 모색하고자 하였다.

　우선, 기업 이미지의 중요성을 인식하기 위해 이론적 설명으로 기업광고에 대한 내용과 기업 이미지가 무엇이며, 왜 필요한지, 전략적 중요성은 무엇인지를 설명하였다.

　즉, 기업광고는 기업의 제품이나 서비스에 관한 정보를 제공하는 광고이며, 기업광고는 기업의 정책, 사회적 공헌이나 사회적인 유용성을 알림으로써 기업의 명성을 높이거나 기업에 대한 신뢰감을 가지도록 함으로써 기업에 대한 호의 내지는 호의적인 태도를 형성하게 하려는 광고로서 장기적이며, 복합적인 요소를 포함한다고 요약할 수 있다.

　이런 기업광고는 다른 광고기능과 마찬가지로 정보의 전달에 의한 설득적 커뮤니케이션인데 Flanagen은 기업광고의 기능을 기업 활동 보호기능과 이미지 창출기능, 기업에 대외적으로 이익을 제공하는 기능, 선전을 위한 기능, 대중의 이익을 위한 기능, 기업실체 변화의 기능 등으로 설명하고 있다.

또 이런 기업광고의 필요성은 기업이나 상표를 하나의 이름하에 통일시키려는 기업 실체(identity) 설정과 투자가들 유치, 불리한 풍문제거, 고객, 종업원, 공급업자들로부터의 호의 증진, 기업에 영향을 주게 될 공공적 이슈에 대한 기업의 입장 제시, 기업의 상호와 사업의 성격 등에 대한 일반의 인식수준을 높이는 데 있다.

기업 이미지는 이 기업광고를 통해 대중에게 전해지고, 대중들은 기업 이미지를 형성해 기업 활동에 영향을 미치고 있다. 이러한 기업 이미지는 결과적으로 기업에 대한 사람들의 긍정적, 부정적 태도로 나타나는데, 기업 이미지의 형성 및 발전에는 인간의 모든 감각이 이용되며, 이것으로 얻어지는 인상은 논리적이라기보다는 감정적인 측면이 강하다.

그리고 이러한 특징을 가진 기업 이미지는 기업에 대한 실태나 지위 등의 기업정보를 중심으로 형성되게 된다. 특히 개인의 이미지 영역 중에서 특히 매스미디어에 의해 전달되는 기업 실체의 정립에 관심을 두는 것이다. 즉, 기업에 의한 커뮤니케이션은 기업 이미지의 원점을 기업이념과 社名을 통해 출발하는 것이며, 소비자는 여러 통로를 통해 다양한 유형의 정보를 수신하여 기업을 판단·평가하여 기업 이미지를 형성하게 되는 것이다.

기업 이미지는 오늘날 조직의 개방체계 관점에서 경영의 효율성을 결정하는 데 매우 중요한 비중을 차지한다. 왜냐하면 기업이란 경영과 환경이라는 큰 맥락에서 볼 때 내·외적인 상호작용을 하면서 생존, 발전하기 때문이다.

그러므로 이미지는 그 기업에 대한 태도를 억제하거나 지지하는 집단의 의지에 분명히 영향을 미칠 것이다. 또 기업의 전략을 효과적으로 실행하기 위해서는 기업은 환경집단들에게 정확히, 그리고 호의적인 방향으로 인지되어야 한다.

따라서 기업 이미지를 중심으로 본 연구의 실증연구를 실시하였다.

먼저 기업 이미지에 대한 연구에 앞서 사전조사로 우리나라 경제에 축을 이룰 수 있다고 생각되는 5대 기업, 즉 삼성, 현대, LG, 대우, SK를 선정해 이 기업들에 대해 일반인들이 갖고 있는 기업 이미지를 분석하였다. 이를 위해 각 기업에 대한 선호도 분석과 기업 이미지 및 기업에 대해 갖고 있는 느낌에 대해 조사하였다.

그 결과, 선호도 분석에서는 삼성의 선호도가 가장 높게 나타났으며, 각 기업 속성별 차이에서는 소비자들이 인식하고 있는 이미지는 삼성과 현대가 가장 우수하며, 그 다음이 LG, 대우, SK 순으로 우수하다고 생각한다.

기업속성을 분류하기 위해 요인분석을 한 결과, 기업의 외적 매력과 기업의 마케팅 능력, 기업의 바람직한 이미지, 기업의 소비자 복지 기여도로 분류되었으며, 소비자들은 기업의 외적 매력과 기업의 마케팅 능력을, 기업의 바람직한 이미지와 기업의 소비자 복지 기여도보다 더 중요시하는 것으로 나타났다.

전체적으로는 삼성이 기업의 외적 매력과 마케팅 능력, 소비자 복지 기여면에서 호의적인 이미지를 갖고 있으며, 현대는 외적 매력에서 좋은 기업으로 인식되고 있으며, 대우는 비교적 바람직한 이미지를 많이 갖고 있고, LG는 바람직한 이미지, 기업의 마케팅 능력에서 좋은 것으로 평가받고 있고, SK은 소비자 복지 기여도를 충족하는 기업으로 나타났다.

본 연구의 연구문제인 기업 이미지 광고의 영향력에 관한 연구에서는 Sethi의 메시지 유형별 기업광고분류에 의해 계몽/휴머니즘 광고와 기업과시적 광고, 사회책임적 광고가 기업 이미지 형성에 어떻게 차별적으로 영향을 미치는가와 어떤 광고반응을 일으키는가에 대한 2가지 연구문제를 설정해 각 연구문제에 대해 각 3가지 세부적인 연구가설을 설정하였다. 연구가설은 다음과 같다.

연구문제 1: 계몽/휴머니즘 기업광고와 기업과시적 기업광고, 사회책임적 기업광고 등 세 가지 유형의 기업광고가 어떻게 차별적으로 기업 이미지 형성에 영향을 미치는가?

1-1 계몽/휴머니즘 광고는 사회책임적 광고와 기업과시적 광고보다 기업 특성(personality)에 더 영향을 줄 것이다.

130

1-2  사회책임적 광고는 계몽/휴머니즘 광고보다 기업의 사회복지 기여
     측면에 더 영향을 줄 것이다.
1-3  기업과시적 광고는 계몽/휴머니즘 광고와 사회책임적 광고보다 기
     업의 마케팅 측면에 더 영향을 줄 것이다.

연구문제 2: 계몽/휴머니즘 기업광고와 기업과시적 기업광고, 사회책임
          적 기업광고 등 세 가지 메시지 유형의 기업광고가 어떻게
          차별적으로 광고반응을 일으키는가?
2-1  계몽/휴머니즘 광고와 사회책임적 광고는 기업과시적 광고보다 더
     많은 광고에 대한 호감을 불러일으킬 것이다.
2-2  계몽/휴머니즘 광고와 사회책임적 광고는 기업 과시적 광고에 비해
     광고에 대한 부정적 이미지를 줄일 것이다.
2-3  기업과시적 광고는 계몽/휴머니즘 광고와 사회책임적 광고보다 기
     업에 대한 내용전달을 더 잘 할 것이다.

연구문제 1에 대한 결과에서는 요인분석을 통해 기업 이미지는 호감, 친
근감, 신선감 등 기업 특성(personality)과 기업 마케팅 요인, 사회적 기여
요인으로 분류되었고, 광고 반응으로는 광고 크리에이티브, 광고내용, 기업
의 부정적 이미지 요인으로 분류되었다. 또 기업 이미지와 광고반응과의
상관관계는 기업 특성 요인과 광고반응의 광고 크리에이티브, 광고내용, 기
업의 부정적 이미지 요인이 상관관계가 있으며, 기업 특성은 광고 반응의
3요인, 광고 크리에이티브, 광고 내용, 부정적 이미지가 영향을 미친다.
기업 이미지의 기업 마케팅 요인에 광고 크리에이티브와 광고 내용 요인
이 영향 을 끼친다고 생각할 수 있다.
또 기업 이미지의 기업의 사회적 기여요인도 광고 반응의 광고 크리에이
티브 요인과 광고내용 요인과 상관관계가 있고, 이에 따라 기업 이미지의
기업 특성, 기업 마케팅, 기업의 사회적 기여 요인은 광고 태도의 광고 크
리에이티브, 광고 내용 요인이 영향을 미치며, 특히 기업 특성은 광고 반응

의 부정적 이미지 요인에도 영향을 받게 됨을 알 수 있다.

세 가지 메시지 요인별 기업광고와 5대 기업(현대, 삼성, LG, 대우, SK)의 영향요인을 분석한 결과, 계몽/휴머니즘 기업광고에서는 현대와 삼성 광고가 기업의 특성과 기업 마케팅 요인에서 다른 기업보다 더 좋은 이미지를 나타내고 있으며, 대우는 기업 특성과 사회복지기여 요인에 더 좋은 이미지를 나타내고 있다. 반면, SK은 다른 기업보다 부정적 이미지를 나타내고 있다.

기업과시적 광고에서는 삼성은 다른 기업보다 기업과시적 광고에서 기업이미지가 좋게 나타나고 있다. 광고반응에서는 광고 크리에이티브 요인에서는 삼성이, 기업 내용 전달 요인에서는 현대와 삼성이 더 좋게 나타났으며, 기업의 부정적 이미지에서는 삼성이 다른 기업보다 부정적 이미지를 갖고 있는 것으로 나타났다.

사회책임적 광고에서는 기업 이미지의 기업 특성 요인과 기업의 마케팅 요인에서는 삼성이 다른 기업보다 좋은 이미지를 나타내며, 사회복지 기여 요인에서는 대우가 다른 기업보다 이미지가 좋다.

광고반응에서 보면 광고 크리에이티브 요인에서는 삼성과 SK이 좋은 이미지이며, 기업 내용전달 요인에서는 삼성이 다른 기업보다 좋은 이미지를 갖고 있다. 또 광고의 부정적 이미지는 대우가 다른 기업보다 부정적 이미지를 나타내고 있다.

연구문제 2의 결과로는 기업 특성에 대한 요인은 기업과시적 광고와 사회책임적 광고가 이미지를 잘 전달하며, 기업 과시적 광고보다는 사회책임적 광고가 기업 특성 요인에 대한 호감을 불러일으킬 수 있음을 알 수 있다. 또 기업 마케팅 측면과 기업 내용 전달면에서는 기업 과시적 광고가 영향을 주는 것으로 나타났다. 기업의 사회복지 측면의 내용전달면에서는 계몽/휴머니즘과 사회책임적 광고가 이미지를 잘 전달하는 것으로 나타났으며, 이 중 계몽/휴머니즘 광고가 더 기업의 사회복지 측면의 내용 전달에 영향을 미치는 것으로 나타났다. 광고 크리에이티브와 부정적 이미지를 줄이는 측면에서는 사회책임적 광고가 영향을 끼치는 것으로 나타났다.

따라서 앞에서 제시한 바와 같이 계몽/휴머니즘 광고와 사회책임적 광고는 광고 호감을 불러일으키는 데 영향을 주며, 광고에 대한 부정적 이미지를 줄여주는 데도 영향을 주며, 기업과시적 광고는 계몽/휴머니즘 광고와 사회책임적 광고보다 기업 정보와 관련된 기업 내용 전달에 더 영향을 주는 것으로 나타났다.

위의 연구에서와 같이 이렇게 광고의 메시지 유형에 따라 차별적으로 기업 이미지를 형성하는 것을 알 수 있다. 따라서 일반 대중들이 기업광고를 통해 각 기업에 대해 어떤 이미지를 갖고 있는지를 살펴보고, 지속적인 이미지 유지와 이미지 변환을 위해서 이런 차별적 기업 메시지 유형과 각 기업별로 나타난 기업 이미지 형성 요인을 잘 파악한다면 광고 전략을 세우기 쉬울 뿐 아니라 광고 마케팅 전략에도 적용할 수 있을 것이다.

본 연구는 기업광고의 메시지 유형과 기업 이미지 형성 요인 간의 관계와 영향을 분석하였다. 앞에서 밝힌 바와 같이 본 연구는 점차 어려워지는 기업 이미지 관리의 중요성을 파악하고, 이를 기업 이미지 전략에 효율적으로 적용하기 위한 것이다. 이에 본 연구도 기업 이미지에 관련된 이론을 종합적으로 연구모델에 반영해야 하나, 연구의 한계상 Seith의 이론으로 한정해 연구하였으며, 설문지 작성의 문항도 기존의 연구로 검증된 설문문항으로 조사하였으나, 기업 특성의 22개 문항으로 기업 이미지 요인과 기업 반응 요인의 광범위한 범위를 다 수용할 수 없음을 본 연구의 한계로 생각한다. 또한 기업도 대기업과 중소기업을 모두 망라해야 하나, 시간적 비용적인 제한으로 인해 대기업으로 한정하고 5개 기업을 주요 대상으로 한 것도 본 연구의 한계로 생각하며, 90년대 광고들을 세 가지 기업광고 유형으로 연구자가 주관적으로 분류한 것도 연구의 한계로 제시한다.

또 연구기간 도중 SK가 소비자들의 기업 이미지 인식에 많은 변화를 가져왔을 것이라 생각되나, 이를 충분히 보완하지 못했던 점과 본 연구를 실증분석함에 있어 실험집단을 통제적으로 운영하여야 하나 여건상 어려움이 있어 실험집단을 통제적으로 운영하지 못했고, 본 연구 결과를 토대로 전략적인 면을 제시해야 하나, 본 연구의 결과가 기업 이미지를 형성하는 요인이 된다고는 단언할 수 없다. 그 이유는 외생변수의 영향이 더 크게 작용할 수도 있기 때문이다. 즉, 경제, 사회의 급격한 변화 등이 크게 작용할 경우, 연구의 한계상 이런 것을 반영할 수 없었음을 또한 한계로 본다.

본 연구의 한계성을 인정하면서 앞으로의 기업 이미지와 기업광고와의 영향요인 규명 연구에 다소나마 도움이 되었으면 하고, 전략적 기업광고 마케팅 연구에 활용에 이바지하고자 한다.

# 참고문헌

· 국내서적

Charles, J. Fombrun/ 오세영, 한만호 역, *레퓨테이션(Reputation)*, 영언문
　　화사, 1999.

Assael, Henry/ 윤훈현 역, *소비자행동론*(6th), 도서출판 석정, 1998.

김원수, *광고학개론*, 경문사, 1990.

_____, *기업이미지 관리론*, 경문사, 1993.

김정기(편), *실전PR론*, 전예원, 1983.

_____, *새PR원론*, 탐구당, 1981.

반병길, *마케팅 관리론*, 박영사, 1999.

신유근, *한국 기업의 특성과 과제*, 서울대학교 출판부, 1984.

오두범, *광고커뮤니케이션 신론*, 전예원, 1989.

_____, *기업광고의 모든 것*, 중앙광고정보, 1977.

유봉로, *신광고론*, 일조각, 1993.

윤희중, *PR론*, 이화여대출판부, 1988.

이두희, *광고론*, 박영사, 1997.

이인구, "카피", *광고년감*, 1986, 제일기획.

이차옥, 이성근, *프로모션 에센스*, 무역경영사, 1999.

이학식, 안광호, 하영원 공저, *소비자행동*, 법문사, 1997.

이호배, *효과적인 기업PR 광고를 위한 연구*, 금강기획, 1994.

이화자, *광고표현론*, 나남출판, 1998.

정순태, *마케팅관리론*, 법문사, 1994.

최병용, *최신광고론*, 박영사, 1989.

최종수, *매스커뮤니케이션 이론*, 전예원, 1984.


· 국내논문


구자휘, "우리나라 기업광고의 추세연구: 대기업 그룹광고를 중심으로", 고려대학교 언론대학원, 석사학위 논문, 1996.

김대열, "기업광고에서 모델의 속성이 기업 이미지에 미치는 효과", 홍익대학교 대학원, 석사학위 논문, 1994.

김상진, "대학신문의 기업광고가 직장 선택에 미치는 영향에 관한 연구", 중앙대학교 신문방송대학원 석사학위 논문, 1986.

김원규, "우리나라 기업광고의 변천에 관한 실증적 연구", 연세대학교 행정대학원, 석사학위 논문, 1986.

김진웅, "한국 기업광고의 표현특성에 관한 연구," 경희대학교 석사학위 논문, 1994.

김태중, "국내기업PR에 대한 연구- 시리즈 광고를 중심으로", 홍익대학교 산업미술대학원 석사학위 논문, 1980, 12.

김행완, "기업 이미지 형성요인과 변화에 관한 연구", 북악경영연구 3, 국민대학교, 1997. 12. pp.305-334.

박재진, "Corporate Image란 무엇인가", *디자인 포장*, 1975. pp.71-83.

변추석, "사람들의 욕망과 소비에 독특한 가치를 부여하라", *광고정보*, 1999. 10. pp.24-30.

서태원, "기업 이미지 연구의 구심화와 원심화: 관련연구의 개관 및 전략적 응용", 서강대학교 언론문화연구15, 1998. 12. pp.137-171.

손민호, "기업식별화전략에 관한 연구-기업이미지 전략적 측면을 중심으로", 서울대학교, 석사학위 논문, 1985.

오두범, "특집: 기업PR광고 달라지고 있다; 자사이익보다 사회이익 추구하는 광고로", *광고정보*, 제53호, 1985. 8, pp.11-23.

오명환, "기업광고의 시대적 메카니즘", *광고정보*, 1981. 10, pp.36-46.

유지형, "우리나라 주요기업의 기업PR에 관한 실증적 연구-대기업의 기업이미지 전략을 중심으로", 고려대학교 경영대학원 석사학위 논문, 1979, 12.

유창조, 권익현, "광고에 대한 감정과 광고를 통하여 느낀 감정에 관한 연구", *광고연구*, 제42호, 1999. pp.7-29.

유창호, "기업 이미지와 제품선호에 관한 연구," 경북대학교 경영대학원 석사학위 논문, 1992.

윤병규, "기업이미지 제고를 위한 방법론적 접근" *단국대학교 논문집*, 제21집, 1987. pp.411-433.

이병우, "기업 이미지 제고를 위한 마케팅", *한국통신 경영과기술*, 52호, 1993, 11. pp.22-36.

이석원, "기업 이미지와 구매행동에 관한 실증적 연구", 고려대학교 석사학위논문, 1990.

이심훈, "서울지역 대학생의 7대 기업 이미지에 대한 실증적 연구", 고려대학교 석사학위 논문, 1987.

이호배, "기업광고의 효과에 관한 연구", *홍익대학교 경영연구*, 18권 , 1994. 12. pp.373-398.

이호배·정주훈, "기업광고가 기업 이미지에 미치는 영향", *홍익대학교 경영연구*, 22권, 1997. 12. pp.261-283.

정희선·박 철, "기업광고의 기업이미지 변화 효과에 관한 실험연구", *덕성여대 논문집*, 제22집, 1993. 12. pp.128-140.

최종만, "2000년판 한국 30대 재벌 재무분석 해설", *The New Media*, 1999. pp.93-97.

하봉준, "기업광고 현황과 합리적 수행절차", *사보제일기획*, 1992, 11. pp.33-40.

_____, "제품 구매의도에 영향을 미치는 기업 이미지 요인에 관한 연구", 경희대학교 대학원, 박사학위 논문, 1999.

한정호, "도식이론(schema theory)에 의한 기업 이미지의 형성과정과 전략 연구", *광고연구* 제44호, 1999. pp.7-26.


· 외국서적


Aaker and Myers, *Advertising Manatement*, Prentice-Hall, 1982.

Barich Howard &, Kotler Philip, "A Framework for Marketing

Image Management", *Sloan Management Review*, (Winter, 1991).

Boorstin, D.J., *The image-A guide to Pseudo-Events in america*, Atheneum: New York, 1961.

Boulding, Kenneth E., *The Image* (University of Michigan Press), 1956.

Garbett & Thomes F., *Corporate Advertising: The What, The Why, and the How,* N. Y.: McGraw-Hill, 1981.

Gray, J. G., *Managing the Corporate Image*, (Quorun Books, 1986).

Kotler, Philip, *Marketing Management*, 7th ed., Englewood Cliffs, New Fersey: Prentice-Hall, 1991.

Laurence Urdang, *Dictionary of Advertising Terms*, Chicago, Tatham-Laird Kunder, 1977.

Webster Jr., Frederick E., *Marketing Communication: Modern Promotional Strategy*, John Wiely & Sons, Inc. New York, 1971.

Yankelovich, S. and White, Inc., *A Study of Corporate Advertising Effectiveness*, 1977.

日本經濟新聞 企業調査部, 企業イメッ、東京:日本經濟新聞社, 1977

入分俊雄, 企業 *Image* 戰略, 東京, 産能大出版部, 1984


· 외국논문


Allen, A., "Corporate Advertising-Out of the Ivory Tower into Marketing", *Public Relations Journal*, Nov, 1974. pp.8-20.

Allan D. Shocker & V. Srinivasan, "Multiattribute Approaches for Product Concept Evaluation and Generation: A Critical Review", *Journal of Marketing Research*, 16(May), 1979. pp.159-180.

Coe, Barbara J., "The Effectiveness Challenge in Issue Advertising Campaigns", *Journal of Advertising, 12(No. 4), 1983,* pp.27-35.

Darling, H. L. "How Companies are Using Corporate Advertising", *Public Relations Journal*, 31(Nov.), 1975, pp.24-36.

Dowling, G. R., "Managing Your Corporate Image", *Industrial Marketing Management*, 1986. pp.105-115.

Edmund R. Gray & Larry R. Smelzer, "Corporate Image-An Integral Part of Strategy", *Sloan Management Review*, Summer 1985. pp.72-80.

Finn, D., "Public Invisibility of Corporate Leaders", *Harvard Business Review*, Vol. 58, July, 1982. pp.102-110.

Fox, Karen F.A., "The Measurement of Issue/ Advocacy Advertising Effects", *Current Issres and Research in Advertising*, 9(No. 1/2), 1986. pp.61-92.

Grass, Robert C., Barteges, David W. and Piech, Jeffrey L., "Measuring

Corporate Image Ad Effects", *Journal of Advertising Research*, Vol. 12(Dec.1972). pp.15–22.

Howard Barich &, Kotler Philip, "A Framework for Marketing Image Management", *Sloan Management Review*, Winter, 1991. pp.27–35.

Johny K. Johansson & Hans B. Thorelli, "International Product Positioning", *Journal of International Business Studies*, Fall, 1985. pp.57–75.

Kotler, Philip, "Rethink the Marketing Concept", *Marketing News*, Vol. 1, 1984. pp.83–97.

Lehman, Martin A. and Cardozo, Richard N., "Product or Industrial Advertisements?", *Journal of Advertising Research*, Vol. 13(2), 1973. pp.41–53.

Marton, K. and Boddewyn, J. J., "Should a Corporation Keep a Low Profile?", *Journal of advertising Research*, Vol. 18, Aug, 1978. pp.21–37.

Moodie, C., "The High Cost of a Low Profile", *Public Relations Journal*, Nov. 1973. pp.20–40.

Nolan, J., "Protect your public Image with Performance", *Harvard Business Review*, 1975. pp.117–130.

Patti, Charles H. and John P. McDonald, "Corporate Advertising: Process, Practice and Perspectives(1970–1989)", *Journal of Advertising 14(No. 1)*, 1985, pp.42–58.

Robert A. Hauser & Frank S. Koppelman, "Alternative Perceptual Mapping Techniques: Telative Accuracy and Usefulness", *Journal of Marketing Research*, 16(November), 1979. pp.495–513.

Sachs, William S., "Corporate Advertising: Ends. Means. Problems." *Public Relations Journal*. 37(Nov.), 1981, pp.14–25.

Schmann, David W., Jan M. Hathcote and Susan West, "Corporate Advertising in America: A Review of Published Studies on Use Measurement, and Effectiveness", *Journal of Advertising*, 20(3)(Sep.), 1991, pp.35-56.

Seith, S. P., "Institutional/Image Advertising and Idea/Issue Advertising as Marketing Tools: Some Publicy Issues", *Journal of Marketing*, Vol. 43. Jan, 1979, pp.68-78.

_____, "Advocacy Advertising-The American Experience", *California Management Review*, Vol. 21, Fall, 1978, pp.56-70.

William R. Dillon, Donald G. Frederick & Vanchai Tangpanichdee, "Decision Issues in Building Perceptual Product Spaces with Multi-Attribute Rating Data", *Journal of Consumer Research*, 12(June), 1985, pp.47-63.

Winters, Lewis C., "Does It Pay to Advertise to Hostile Audiences with Corporate Advertising?", Journal of Advertising Research, Vol. 26(3), 1988, pp.53-65.

Woolward, Iain. "Advertising to the Convertibles", *Madison Avenue*, February, 1982. pp.30-45.

# 부 록

## 설 문 지

안녕하십니까?

바쁘신 중에도 본 연구에 참여해 주셔서 대단히 감사합니다.

본 연구는 동덕여자대학교 대학원 경영학과에서 오세영 교수님의 지도하에 기업광고가 기업이미지에 어떤 효과와 영향을 주는지에 대한 것을 알아봄으로써 기업광고의 기업이미지 전략에 도움을 주고자 합니다. 이에 따라 여러분들의 인식을 알아보기 위한 것이므로, 질문에 대한 성의 있는 답변을 바랍니다.

아울러 귀하께서 응답하여 주신 자료는 본 연구의 목적을 이루는 데 큰 도움이 될 것이고, 연구 이외의 목적으로는 사용하지 않을 것입니다.

또한, 본 연구의 결과는 학문적인 목적으로 활용되며 익명으로 처리됩니다. 어떤 문항도 정답이 존재하지 않기 때문에 단지 귀하께서 느끼신 대로 답하여 주시기 바랍니다.

본 연구에 협조하여 주신 데 대해 다시 한번 깊은 감사를 드립니다.

1998년 5월

지도교수: 오세영

동덕여자대학교 대학원 경영학과

마케팅 박사과정 이진희 드림

질문 1

I-1. 다음의 기업들을 좋아하는 순서대로 적으십시오.
 (                    )
 ① 삼성    ② 현대    ③ LG    ④ 대우    ⑤ SK
 (예) ①,③,⑤,②,④

I-2. 다음 기업들의 이미지에 대해서 각 항목별로 응답하여 주십시오.
 (예) 이 기업은 전통이 있다.

|  | 정말<br>그렇다 | 그런<br>편이다 | 보통<br>이다 | 그렇지<br>않은편이다 | 전혀<br>아니다 |
|---|---|---|---|---|---|
| 삼성 | | | | | |
| 현대 | | | | | |
| LG | | | | | |
| 대우 | | | | | |
| SK | | | | | |

 1) 이 기업은 전통이 있다.

|  | 정말<br>그렇다 | 그런<br>편이다 | 보통<br>이다 | 그렇지<br>않은편이다 | 전혀<br>아니다 |
|---|---|---|---|---|---|
| 삼성 | | | | | |
| 현대 | | | | | |
| LG | | | | | |
| 대우 | | | | | |
| SK | | | | | |

2) 이 기업은 기술이 좋다.

|  | 정말<br>그렇다 | 그런<br>편이다 | 보통<br>이다 | 그렇지<br>않은편이다 | 전혀<br>아니다 |
|---|---|---|---|---|---|
| 삼성 | _____ | | | | |
| 현대 | _____ | | | | |
| LG | _____ | | | | |
| 대우 | _____ | | | | |
| SK | _____ | | | | |

3) 이 기업은 안정성이 있다.

|  | 정말<br>그렇다 | 그런<br>편이다 | 보통<br>이다 | 그렇지<br>않은편이다 | 전혀<br>아니다 |
|---|---|---|---|---|---|
| 삼성 | _____ | | | | |
| 현대 | _____ | | | | |
| LG | _____ | | | | |
| 대우 | _____ | | | | |
| SK | _____ | | | | |

4) 이 기업은 광고/선전을 잘한다.

|  | 정말<br>그렇다 | 그런<br>편이다 | 보통<br>이다 | 그렇지<br>않은편이다 | 전혀<br>아니다 |
|---|---|---|---|---|---|
| 삼성 | _____ | | | | |
| 현대 | _____ | | | | |
| LG | _____ | | | | |
| 대우 | _____ | | | | |
| SK | _____ | | | | |

5) 이 기업은 신뢰성이 있다.

|      | 정말<br>그렇다 | 그런<br>편이다 | 보통<br>이다 | 그렇지<br>않은편이다 | 전혀<br>아니다 |
|------|------|------|------|------|------|
| 삼성 | _____ |
| 현대 | _____ |
| LG   | _____ |
| 대우 | _____ |
| SK   | _____ |

6) 이 기업은 규모가 크다.

|      | 정말<br>그렇다 | 그런<br>편이다 | 보통<br>이다 | 그렇지<br>않은편이다 | 전혀<br>아니다 |
|------|------|------|------|------|------|
| 삼성 | _____ |
| 현대 | _____ |
| LG   | _____ |
| 대우 | _____ |
| SK   | _____ |

7) 이 기업은 국제경쟁력이 있다.

|      | 정말<br>그렇다 | 그런<br>편이다 | 보통<br>이다 | 그렇지<br>않은편이다 | 전혀<br>아니다 |
|------|------|------|------|------|------|
| 삼성 | _____ |
| 현대 | _____ |
| LG   | _____ |
| 대우 | _____ |
| SK   | _____ |

8) 이 기업은 판매력이 충실하다.

|  | 정말<br>그렇다 | 그런<br>편이다 | 보통<br>이다 | 그렇지<br>않은편이다 | 전혀<br>아니다 |
|---|---|---|---|---|---|
| 삼성 | _____ | | | | |
| 현대 | _____ | | | | |
| LG | _____ | | | | |
| 대우 | _____ | | | | |
| SK | _____ | | | | |

9) 이 기업은 신제품 개발이 뛰어나다.

|  | 정말<br>그렇다 | 그런<br>편이다 | 보통<br>이다 | 그렇지<br>않은편이다 | 전혀<br>아니다 |
|---|---|---|---|---|---|
| 삼성 | _____ | | | | |
| 현대 | _____ | | | | |
| LG | _____ | | | | |
| 대우 | _____ | | | | |
| SK | _____ | | | | |

10) 이 기업은 친근감이 있다.

|  | 정말<br>그렇다 | 그런<br>편이다 | 보통<br>이다 | 그렇지<br>않은편이다 | 전혀<br>아니다 |
|---|---|---|---|---|---|
| 삼성 | _____ | | | | |
| 현대 | _____ | | | | |
| LG | _____ | | | | |
| 대우 | _____ | | | | |
| SK | _____ | | | | |

148

11) 이 기업은 사회공헌도가 높다.

　　　　　　　　　정말　　그런　　보통　　그렇지　　전혀
　　　　　　　　그렇다　편이다　이다　않은편이다　아니다

삼성 ＿＿＿＿＿＿＿＿＿＿＿＿

현대 ＿＿＿＿＿＿＿＿＿＿＿＿

LG ＿＿＿＿＿＿＿＿＿＿＿＿

대우 ＿＿＿＿＿＿＿＿＿＿＿＿

SK ＿＿＿＿＿＿＿＿＿＿＿＿

12) 이 기업은 장래성이 있다.

　　　　　　　　　정말　　그런　　보통　　그렇지　　전혀
　　　　　　　　그렇다　편이다　이다　않은편이다　아니다

삼성 ＿＿＿＿＿＿＿＿＿＿＿＿

현대 ＿＿＿＿＿＿＿＿＿＿＿＿

LG ＿＿＿＿＿＿＿＿＿＿＿＿

대우 ＿＿＿＿＿＿＿＿＿＿＿＿

SK ＿＿＿＿＿＿＿＿＿＿＿＿

13) 이 기업은 연구개발에 열심이다.

　　　　　　　　　정말　　그런　　보통　　그렇지　　전혀
　　　　　　　　그렇다　편이다　이다　않은편이다　아니다

삼성 ＿＿＿＿＿＿＿＿＿＿＿＿

현대 ＿＿＿＿＿＿＿＿＿＿＿＿

LG ＿＿＿＿＿＿＿＿＿＿＿＿

대우 ＿＿＿＿＿＿＿＿＿＿＿＿

SK ＿＿＿＿＿＿＿＿＿＿＿＿

14) 이 기업은 경영자가 유능하다.

|  | 정말<br>그렇다 | 그런<br>편이다 | 보통<br>이다 | 그렇지<br>않은편이다 | 전혀<br>아니다 |
|---|---|---|---|---|---|
| 삼성 | _____ | | | | |
| 현대 | _____ | | | | |
| LG | _____ | | | | |
| 대우 | _____ | | | | |
| SK | _____ | | | | |

15) 이 기업은 근대적인 느낌이다.

|  | 정말<br>그렇다 | 그런<br>편이다 | 보통<br>이다 | 그렇지<br>않은편이다 | 전혀<br>아니다 |
|---|---|---|---|---|---|
| 삼성 | _____ | | | | |
| 현대 | _____ | | | | |
| LG | _____ | | | | |
| 대우 | _____ | | | | |
| SK | _____ | | | | |

16) 이 기업은 고객서비스가 철저하다.

|  | 정말<br>그렇다 | 그런<br>편이다 | 보통<br>이다 | 그렇지<br>않은편이다 | 전혀<br>아니다 |
|---|---|---|---|---|---|
| 삼성 | _____ | | | | |
| 현대 | _____ | | | | |
| LG | _____ | | | | |
| 대우 | _____ | | | | |
| SK | _____ | | | | |

17) 이 기업은 깨끗한 이미지를 가진다.

|  | 정말<br>그렇다 | 그런<br>편이다 | 보통<br>이다 | 그렇지<br>않은편이다 | 전혀<br>아니다 |
|---|---|---|---|---|---|
| 삼성 | _____ | | | | |
| 현대 | _____ | | | | |
| LG | _____ | | | | |
| 대우 | _____ | | | | |
| SK | _____ | | | | |

18) 이 기업은 시류에 맞는다.

|  | 정말<br>그렇다 | 그런<br>편이다 | 보통<br>이다 | 그렇지<br>않은편이다 | 전혀<br>아니다 |
|---|---|---|---|---|---|
| 삼성 | _____ | | | | |
| 현대 | _____ | | | | |
| LG | _____ | | | | |
| 대우 | _____ | | | | |
| SK | _____ | | | | |

19) 이 기업은 적극성이 있다.

|  | 정말<br>그렇다 | 그런<br>편이다 | 보통<br>이다 | 그렇지<br>않은편이다 | 전혀<br>아니다 |
|---|---|---|---|---|---|
| 삼성 | _____ | | | | |
| 현대 | _____ | | | | |
| LG | _____ | | | | |
| 대우 | _____ | | | | |
| SK | _____ | | | | |

20) 이 기업은 사풍이 좋다.

|  | 정말<br>그렇다 | 그런<br>편이다 | 보통<br>이다 | 그렇지<br>않은편이다 | 전혀<br>아니다 |
|---|---|---|---|---|---|
| 삼성 | _____ | | | | |
| 현대 | _____ | | | | |
| LG | _____ | | | | |
| 대우 | _____ | | | | |
| SK | _____ | | | | |

21) 이 기업은 공해방지에 관심을 기울인다.

|  | 정말<br>그렇다 | 그런<br>편이다 | 보통<br>이다 | 그렇지<br>않은편이다 | 전혀<br>아니다 |
|---|---|---|---|---|---|
| 삼성 | _____ | | | | |
| 현대 | _____ | | | | |
| LG | _____ | | | | |
| 대우 | _____ | | | | |
| SK | _____ | | | | |

22) 이 기업은 소비자문제를 성실히 다룬다.

|  | 정말<br>그렇다 | 그런<br>편이다 | 보통<br>이다 | 그렇지<br>않은편이다 | 전혀<br>아니다 |
|---|---|---|---|---|---|
| 삼성 | _____ | | | | |
| 현대 | _____ | | | | |
| LG | _____ | | | | |
| 대우 | _____ | | | | |
| SK | _____ | | | | |

152

질문 2

II-1. 다음의 광고를 보시고 광고에 대한 느낌의 정도를 표시하여 주십시오.
    (예) 호감이 간다.

|  | 정말<br>그렇다 | 그런<br>편이다 | 보통<br>이다 | 그렇지<br>않은편이다 | 전혀<br>아니다 |
|---|---|---|---|---|---|
|  |  |  |  |  |  |

|  | 정말<br>그렇다 | 그런<br>편이다 | 보통<br>이다 | 그렇지<br>않은편이다 | 전혀<br>아니다 |
|---|---|---|---|---|---|
| 1) 호감이 간다. |  |  |  |  |  |
| 2) 신뢰성이 있다. |  |  |  |  |  |
| 3) 신선감이 있다. |  |  |  |  |  |
| 4) 독특하다. |  |  |  |  |  |
| 5) 창의적이다. |  |  |  |  |  |
| 6) 설득력이 있다. |  |  |  |  |  |
| 7) 친근감이 있다. |  |  |  |  |  |
| 8) 희망적이다. |  |  |  |  |  |
| 9) 실감 있다. |  |  |  |  |  |
| 10) 부정적이다. |  |  |  |  |  |
| 11) 과대평가 되어 있다. |  |  |  |  |  |
| 12) 불신감을 갖게 한다. |  |  |  |  |  |
| 13) 초현실적이다. |  |  |  |  |  |

II-2. 다음의 광고를 보시고 광고에 대한 기업이미지 정도를 표시하여 주
    십시오.
    (예) 이 기업은 전통이 있다.

|  | 정말<br>그렇다 | 그런<br>편이다 | 보통<br>이다 | 그렇지<br>않은편이다 | 전혀<br>아니다 |
|---|---|---|---|---|---|
|  |  |  |  |  |  |

<table>
<tr><td></td><td>정말<br>그렇다</td><td>그런<br>편이다</td><td>보통<br>이다</td><td>그렇지<br>않은편이다</td><td>전혀<br>아니다</td></tr>
</table>

정말　그런　보통　그렇지　전혀
그렇다 편이다 이다 않은편이다 아니다

1) 이 기업은 전통이 있다. _____

2) 이 기업은 기술이 좋다. _____

3) 이 기업은 안정성이 있다. _____

4) 이 기업은 광고/선전을 잘한다. _____

5) 이 기업은 신뢰성이 있다. _____

6) 이 기업은 규모가 크다. _____

7) 이 기업은 국제경쟁력이 있다. _____

8) 이 기업은 판매력이 충실하다. _____

9) 이 기업은 신제품 개발이 뛰어
나다. _____

10) 이 기업은 친근감이 있다. _____

11) 이 기업은 사회공헌도가 높다. _____

12) 이 기업은 장래성이 있다. _____

13) 이 기업은 연구개발에 열심이다. _____

14) 이 기업은 경영자가 유능하다. _____

15) 이 기업은 근대적인 느낌이다. _____

16) 이 기업은 고객서비스가 철저
하다. _____

17) 이 기업은 깨끗한 이미지를 가
진다. _____

18) 이 기업은 시류에 맞는다. _____

19) 이 기업은 적극성이 있다. _____

20) 이 기업은 사풍이 좋다. _____

21) 이 기업은 공해방지에 관심을
기울인다. _____

22) 이 기업은 소비자문제를 성실히
다룬다. _____

II-3. 다음의 광고를 보시고 광고에 대한 느낌의 정도를 표시하여 주십시오.
    (예) 호감이 간다.

|  | 정말<br>그렇다 | 그런<br>편이다 | 보통<br>이다 | 그렇지<br>않은편이다 | 전혀<br>아니다 |
|---|---|---|---|---|---|
|  |  |  |  | _____ |  |

|  | 정말<br>그렇다 | 그런<br>편이다 | 보통<br>이다 | 그렇지<br>않은편이다 | 전혀<br>아니다 |
|---|---|---|---|---|---|
| 1) 호감이 간다. |  |  |  | _____ |  |
| 2) 신뢰성이 있다. |  |  |  | _____ |  |
| 3) 신선감이 있다. |  |  |  | _____ |  |
| 4) 독특하다. |  |  |  | _____ |  |
| 5) 창의적이다. |  |  |  | _____ |  |
| 6) 설득력이 있다. |  |  |  | _____ |  |
| 7) 친근감이 있다. |  |  |  | _____ |  |
| 8) 희망적이다. |  |  |  | _____ |  |
| 9) 실감 있다. |  |  |  | _____ |  |
| 10) 부정적이다. |  |  |  | _____ |  |
| 11) 과대평가 되어 있다. |  |  |  | _____ |  |
| 12) 불신감을 갖게 한다. |  |  |  | _____ |  |
| 13) 초현실적이다. |  |  |  | _____ |  |

II-4. 다음의 광고를 보시고 광고에 대한 기업이미지 정도를 표시하여 주십시오.

　(예) 이 기업은 전통이 있다.

| 정말 | 그런 | 보통 | 그렇지 | 전혀 |
|---|---|---|---|---|
| 그렇다 | 편이다 | 이다 | 않은편이다 | 아니다 |

_____

| 정말 | 그런 | 보통 | 그렇지 | 전혀 |
|---|---|---|---|---|
| 그렇다 | 편이다 | 이다 | 않은편이다 | 아니다 |

　1) 이 기업은 전통이 있다. _____
　2) 이 기업은 기술이 좋다. _____
　3) 이 기업은 안정성이 있다. _____
　4) 이 기업은 광고/선전을 잘한다. _____
　5) 이 기업은 신뢰성이 있다. _____
　6) 이 기업은 규모가 크다. _____
　7) 이 기업은 국제경쟁력이 있다. _____
　8) 이 기업은 판매력이 충실하다. _____
　9) 이 기업은 신제품 개발이 뛰어나다. _____
10) 이 기업은 친근감이 있다. _____
11) 이 기업은 사회공헌도가 높다. _____
12) 이 기업은 장래성이 있다. _____
13) 이 기업은 연구개발에 열심이다. _____
14) 이 기업은 경영자가 유능하다. _____
15) 이 기업은 근대적인 느낌이다. _____
16) 이 기업은 고객서비스가 철저하다. _____
17) 이 기업은 깨끗한 이미지를 가진다. _____
18) 이 기업은 시류에 맞는다. _____
19) 이 기업은 적극성이 있다. _____
20) 이 기업은 사풍이 좋다. _____
21) 이 기업은 공해방지에 관심을 기울인다. _____
22) 이 기업은 소비자문제를 성실히 다룬다. _____

Ⅱ-5. 다음의 광고를 보시고 광고에 대한 느낌의 정도를 표시하여 주십시오.
    (예) 호감이 간다.

| 정말 | 그런 | 보통 | 그렇지 | 전혀 |
| 그렇다 | 편이다 | 이다 | 않은편이다 | 아니다 |
| | | | | |

| 정말 | 그런 | 보통 | 그렇지 | 전혀 |
| 그렇다 | 편이다 | 이다 | 않은편이다 | 아니다 |

1) 호감이 간다.                    _____
2) 신뢰성이 있다.                  _____
3) 신선감이 있다.                  _____
4) 독특하다.                      _____
5) 창의적이다.                    _____
6) 설득력이 있다.                  _____
7) 친근감이 있다.                  _____
8) 희망적이다.                    _____
9) 실감 있다.                     _____
10) 부정적이다.                   _____
11) 과대평가 되어 있다.            _____
12) 불신감을 갖게 한다.            _____
13) 초현실적이다.                 _____

Ⅱ-6. 다음의 광고를 보시고 광고에 대한 기업이미지 정도를 표시하여 주십시오.

(예) 이 기업은 전통이 있다.

정말    그런    보통    그렇지    전혀

그렇다    편이다    이다    않은편이다  아니다

_____

정말    그런   보통    그렇지    전혀

그렇다    편이다   이다  않은편이다 아니다

1) 이 기업은 전통이 있다. _____
2) 이 기업은 기술이 좋다. _____
3) 이 기업은 안정성이 있다. _____
4) 이 기업은 광고/선전을 잘한다. _____
5) 이 기업은 신뢰성이 있다. _____
6) 이 기업은 규모가 크다. _____
7) 이 기업은 국제경쟁력이 있다. _____
8) 이 기업은 판매력이 충실하다. _____
9) 이 기업은 신제품 개발이 뛰어
나다. _____
10) 이 기업은 친근감이 있다. _____
11) 이 기업은 사회공헌도가 높다. _____
12) 이 기업은 장래성이 있다. _____
13) 이 기업은 연구개발에 열심이다. _____
14) 이 기업은 경영자가 유능하다. _____
15) 이 기업은 근대적인 느낌이다. _____
16) 이 기업은 고객서비스가 철저
하다. _____
17) 이 기업은 깨끗한 이미지를 가
진다. _____
18) 이 기업은 시류에 맞는다. _____
19) 이 기업은 적극성이 있다. _____
20) 이 기업은 사풍이 좋다. _____
21) 이 기업은 공해방지에 관심을
기울인다. _____
22) 이 기업은 소비자문제를 성실
히 다룬다. _____

Ⅱ-7 보신 세 개의 광고를 좋아하는 순서대로 적으십시오.

    ① 첫 번째  ② 두 번째  ③ 세 번째

    (예) ③, ①, ②

    (         )

질문 3

Ⅲ-1. 귀하의 연령에 표시하여 주십시오.
　　① 20대 ② 30대 ③ 40대 ④ 50대 ⑤ 50대 이후

Ⅲ-2. 귀하의 성별을 표시하여 주십시오.
　　① 남 ② 여

Ⅲ-3. 귀하의 소득을 표시하여 주십시오.
　　① 50만 원 이하  ② 50만 원－100만 원  ③ 100만 원－200만 원
　　④ 200만 원 이상

　* 귀하의 협조에 감사드립니다.

# 설 문 지

안녕하십니까?

바쁘신 중에도 본 연구에 참여해 주셔서 대단히 감사합니다.

본 연구는 동덕여자대학교 대학원 경영학과에서 오세영 교수님의 지도하에 기업광고가 기업이미지에 어떤 효과와 영향을 주는지에 대한 것을 알아봄으로써 기업광고의 기업이미지 전략에 도움을 주고자 합니다. 이에 따라 여러분들의 인식을 알아보기 위한 것이므로, 질문에 대한 성의 있는 답변을 바랍니다.

아울러 귀하께서 응답하여 주신 자료는 본 연구의 목적을 이루는 데 큰 도움이 될 것이고, 연구 이외의 목적으로는 사용하지 않을 것입니다.

또한 본 연구의 결과는 학문적인 목적으로 활용되며 익명으로 처리됩니다. 어떤 문항도 정답이 존재하지 않기 때문에 단지 귀하께서 느끼신 대로 답하여 주시기 바랍니다.

본 연구에 협조하여 주신 데 대해 다시 한번 깊은 감사를 드립니다.

1998년 9월

지도교수: 오세영

동덕여자대학교 대학원 경영학과

마케팅 박사과정 이진희 드림

I-1. 앞의 광고를 보시고 광고에 대한 기업 이미지 정도를 표시하여 주십시오.

이 기업은 전통이 있다.

|  | 정말<br>그렇다 | 그런<br>편이다 | 보통<br>이다 | 그렇지<br>않은편이다 | 전혀<br>아니다 |
|--|--|--|--|--|--|

|  | 정말<br>그렇다 | 그런<br>편이다 | 보통<br>이다 | 그렇지<br>않은편이다 | 전혀<br>아니다 |
|--|--|--|--|--|--|

1) 이 기업은 안정성이 있다. _____
2) 이 기업은 신뢰성이 있다. _____
3) 이 기업은 친근감이 있다. _____
4) 이 기업은 성실하다. _____
5) 이 기업은 호감이 간다. _____
6) 이 기업은 고객서비스가 철저
하다. _____
7) 이 기업은 기술이 좋다. _____
8) 이 기업은 국제경쟁력이 있다. _____
9) 이 기업은 판매력이 충실 하다. _____
10) 이 기업은 신제품 개발이 뛰어
나다. _____
11) 이 기업은 연구개발에 열심이다. _____
12) 이 기업은 광고/선전을 잘한다. _____
13) 이 기업은 사회공헌도가 높다. _____
14) 이 기업은 소비자문제를 성실
히 다룬다. _____
15) 이 기업은 사회책임완수를 중
요시 한다. _____
16) 이 기업은 사회복지에 기여한다. _____
17) 이 기업은 국가경제에 기여한다. _____
18) 이 기업은 공해방지에 관심을
기울인다. _____

Ⅰ-2. 앞의 광고를 보시고 광고에 대한 느낌의 정도를 표시하여 주십시오.

(예) 호감이 간다.

|  | 정말<br>그렇다 | 그런<br>편이다 | 보통<br>이다 | 그렇지<br>않은편이다 | 전혀<br>아니다 |
|---|---|---|---|---|---|

|  | 정말<br>그렇다 | 그런<br>편이다 | 보통<br>이다 | 그렇지<br>않은편이다 | 전혀<br>아니다 |
|---|---|---|---|---|---|
| 1) 호감이 간다. | | | | | |
| 2) 친근감이 있다. | | | | | |
| 3) 신선감이 있다. | | | | | |
| 4) 독특하다. | | | | | |
| 5) 창의적이다. | | | | | |
| 6) 현실감이 있다. | | | | | |
| 7) 과대평가 되어 있다. | | | | | |
| 8) 불신감을 갖게 한다. | | | | | |
| 9) 기업의 장점이 잘 표현되어 있다. | | | | | |
| 10) 기업에 대한 이해를 돕는다. | | | | | |

Ⅱ-1. 앞의 광고를 보시고 광고에 대한 기업 이미지 정도를 표시하여 주십
시오.

(예) 이 기업은 전통이 있다.

정말　　그런　　보통　　그렇지　　전혀

그렇다　편이다　이다　않은편이다　아니다

_____

정말　그런　보통　그렇지　　전혀

그렇다 편이다 이다 않은편이다 아니다

1) 이 기업은 안정성이 있다.　　　　　　_____
2) 이 기업은 신뢰성이 있다.　　　　　　_____
3) 이 기업은 친근감이 있다.　　　　　　_____
4) 이 기업은 성실하다.　　　　　　　　_____
5) 이 기업은 호감이 간다.　　　　　　　_____
6) 이 기업은 고객서비스가 철저
하다.　　　　　　　　　　　　　　_____
7) 이 기업은 기술이 좋다.　　　　　　　_____
8) 이 기업은 국제경쟁력이 있다.　　　　_____
9) 이 기업은 판매력이 충실하다.　　　　_____
10) 이 기업은 신제품 개발이 뛰
어나다.　　　　　　　　　　　　　_____
11) 이 기업은 연구개발에 열심이다.　　　_____
12) 이 기업은 광고/선전을 잘한다.　　　_____
13) 이 기업은 사회공헌도가 높다.　　　　_____
14) 이 기업은 소비자문제를 성실
히 다룬다.　　　　　　　　　　　_____
15) 이 기업은 사회책임완수를 중
요시 한다.　　　　　　　　　　　_____
16) 이 기업은 사회복지에 기여한다.　　　_____
17) 이 기업은 국가경제에 기여한다.　　　_____
18) 이 기업은 공해방지에 관심을
기울인다.　　　　　　　　　　　　_____

Ⅱ-2. 앞의 광고를 보시고 광고에 대한 느낌의 정도를 표시하여 주십시오.
　　(예) 호감이 간다.

정말　　그런　　보통　　그렇지　　전혀
그렇다　편이다　이다　않은편이다　아니다

_____

정말　그런　보통　그렇지　　전혀
그렇다　편이다　이다　않은편이다　아니다

1) 호감이 간다.　　　　　　　　　　　　_____
2) 친근감이 있다.　　　　　　　　　　　_____
3) 신선감이 있다.　　　　　　　　　　　_____
4) 독특하다.　　　　　　　　　　　　　_____
5) 창의적이다.　　　　　　　　　　　　_____
6) 현실감이 있다.　　　　　　　　　　　_____
7) 과대평가 되어 있다.　　　　　　　　_____
8) 불신감을 갖게 한다.　　　　　　　　_____
9) 기업의 장점이 잘 표현되어 있다.　　_____
10) 기업에 대한 이해를 돕는다.　　　　_____

Ⅲ-1. 앞의 광고를 보시고 광고에 대한 기업 이미지 정도를 표시하여 주십시오.

(예) 이 기업은 전통이 있다.

정말　그런　보통　그렇지　전혀
그렇다　편이다　이다　않은편이다　아니다

정말　그런　보통　그렇지　전혀
그렇다　편이다　이다　않은편이다　아니다

1) 이 기업은 안정성이 있다.　　　　　　＿＿＿＿＿
2) 이 기업은 신뢰성이 있다.　　　　　　＿＿＿＿＿
3) 이 기업은 친근감이 있다.　　　　　　＿＿＿＿＿
4) 이 기업은 성실하다.　　　　　　＿＿＿＿＿
5) 이 기업은 호감이 간다.　　　　　　＿＿＿＿＿
6) 이 기업은 고객서비스가 철저
　　하다.　　　　　　＿＿＿＿＿
7) 이 기업은 기술이 좋다.　　　　　　＿＿＿＿＿
8) 이 기업은 국제경쟁력이 있다.　　　　＿＿＿＿＿
9) 이 기업은 판매력이 충실하다.　　　　＿＿＿＿＿
10) 이 기업은 신제품 개발이 뛰어
　　나다.　　　　　　＿＿＿＿＿
11) 이 기업은 연구개발에 열심이다.　　　＿＿＿＿＿
12) 이 기업은 광고/선전을 잘한다.　　　＿＿＿＿＿
13) 이 기업은 사회공헌도가 높다.　　　　＿＿＿＿＿
14) 이 기업은 소비자문제를 성실히
　　다룬다.　　　　　＿＿＿＿＿
15) 이 기업은 사회책임완수를 중요
　　시 한다.　　　　　＿＿＿＿＿
16) 이 기업은 사회복지에 기여한다.　　　＿＿＿＿＿
17) 이 기업은 국가경제에 기여한다.　　　＿＿＿＿＿
18) 이 기업은 공해방지에 관심을
　　기울인다.　　　　　＿＿＿＿＿

Ⅲ-2. 앞의 광고를 보시고 광고에 대한 느낌의 정도를 표시하여 주십시오.
　　(예) 호감이 간다.

　　　　　　　　　　정말　　그런　　보통　　그렇지　　전혀
　　　　　　　　　그렇다　편이다　이다　않은편이다　아니다
　　　　　　　　　　　　　　　　　　　──────────

　　　　　　　　　　　　정말　그런　보통　그렇지　　전혀
　　　　　　　　　　　그렇다　편이다　이다　않은편이다　아니다
1) 호감이 간다.　　　　　　　　　　　　──────────
2) 친근감이 있다.　　　　　　　　　　　──────────
3) 신선감이 있다.　　　　　　　　　　　──────────
4) 독특하다.　　　　　　　　　　　　　──────────
5) 창의적이다.　　　　　　　　　　　　──────────
6) 현실감이 있다.　　　　　　　　　　　──────────
7) 과대평가 되어 있다.　　　　　　　　　──────────
8) 불신감을 갖게 한다.　　　　　　　　　──────────
9) 기업의 장점이 잘 표현되어 있다.　　　　──────────
10) 기업에 대한 이해를 돕는다.　　　　　──────────

Ⅳ-1. 귀하의 연령에 표시하여 주십시오.
　　① 20대　② 30대　③ 40대　④ 50대　⑤ 60세 이상

Ⅳ-2. 귀하의 성별을 표시하여 주십시오.
　　① 남　② 여

Ⅳ-3. 귀하의 소득을 표시하여 주십시오.
　　① 50만 원 이하　② 51만 원—100만 원　③ 101만 원—200만 원
　　④ 201만 원 이상　⑤ 기타

　　　　　* 귀하의 협조에 감사드립니다.

· 저자 ·

이진희    · 약  력 ·

　　　동덕여자대학교 대학원 경영학과 졸업 (경영학 박사)
　　　EBS한국교육방송공사 리포터, 아나운서
　　　동양공업전문대, 동덕여대, 강남대, 경북대 강의
　　　현, 한국싸이버대학교 벤처경영학부 전임 교수
　　　　한국싸이버대학교 교양학부장

기업 이미지 형성에 영향을 미치는
기업광고 유형

· 초판 인쇄 　2006년 4월 30일
· 초판 발행 　2006년 4월 30일

· 지 은 이 　이진희
· 펴 낸 이 　채종준
· 펴 낸 곳 　한국학술정보㈜
　　　　　　경기도 파주시 교하읍 문발리 526-2
　　　　　　파주출판문화정보산업단지
　　　　　　전화　031) 908-3181(대표) · 팩스　031) 908-3189
　　　　　　홈페이지　http://www.kstudy.com
　　　　　　e-mail(e-Book사업부)　ebook@kstudy.com
· 등 　 록 　제일산-115호(2000. 6. 19)
· 가 　 격 　20,000원

ISBN　89-534-4980-4 93320 (Paper Book)
　　　　89-534-4981-2 98320 (e-Book)